REVISTA | Nr. 9

9Semne

Gândire Biblică Pentru Zidirea Bisericilor Sănătoase

UCENICIZAREA

www.9marks.org | revistarom@9marks.org

9Marks ISBN: 978-1-950396-22-1

Design copertă: Asociația MAGNA GRATIA
Traducere: Asociația MAGNA GRATIA

CUPRINS

NOTA EDITORULUI

Jonathan D. Leeman

Ucenicizarea nu este un program. Ea nu este un predicator online. Nu este nici un transfer de informaţie care se potriveşte oricărei situaţii.

Este un lucru care necesită iubire în cuvânt şi faptă, transmis de la viaţă către viaţă.

Isus ne spunea să facem ucenici, ceea ce înseamnă că ucenicizarea este o parte esenţială a vieţii creştine. Dar noi nu suntem întotdeauna siguri cum să facem acest lucru, sau cum ar trebui să arate el.

Dacă eşti păstor sau prezbiter, ar trebui să conduci pe drumul acesta, ucenicizându-i pe cei mai tineri în credinţă. Învăţătura şi exemplul tău ar trebui să ajute la dezvoltarea unei culturi a ucenicizării în biserica ta. Sună intimidant acest lucru? Dacă da, eşti sigur că eşti chemat să fii prezbiter?

Haideţi să facem un pas înapoi. Lucrarea de ucenicizare începe în inimă – o inimă care se bucură de slujirea altora. Eşti tu acela? Citeşte articolul lui Bobby Jamieson şi pune-ţi acea întrebare.

Mai apoi, gândeşte-te care este viziunea ta pentru păstorire sau pentru munca de prezbiter. Consideri că aceasta este elementul central al slujbei tale? Jeramie Rinne te va ajuta să răspunzi la acea întrebare. Apoi Jamieson a vorbit despre cum să faci acest lucru.

Garrett Kell ne conduce înapoi către elementele esenţiale ale ucenicizării, iar Brian Parks ne ajută să vedem câteva dintre roadele glorioase ale acesteia.

UCENICIZAREA DUPĂ SCRIPTURI

Garrett Kell

Cele mai timpurii amintiri pe care le am sunt legate de partidele de pescuit pe care le făceam cu tatăl meu. El m-a învățat cum să pun momeala în cârlig, cum să arunc undița, și cum să aduc la mal un pește fără să mă muște de mână. Totuși, pescuitul nu a fost tot ceea ce am învățat de la el. Am învățat multe despre tatăl meu. Am învățat cum mergea el, cum vorbea el, am învățat glumele lui, l-am văzut rugându-se, l-am văzut și am învățat de la el cum să vorbesc cu alții, și l-am văzut cum se gândea întotdeauna la mama mea pe drumul nostru către casă.

Mai mult decât să învăț lucruri despre pescuit de la el, am învățat de la tatăl meu ce înseamnă să fii bărbat.

Chiar și astăzi, lecțiile pe care le-am învățat de la tatăl meu îmi afectează viața și felul în care îi iubesc pe alții. Ceea ce s-a petrecut în vremea în care am fost alături de tatăl meu a fost o formă de ucenicie. El conducea, iar eu îl urmam.

Dar ce este ucenicizarea biblică? Dintre toate întrebările cu care creștinii trebuie să se confrunte, aceasta este una dintre cele mai importante. Faptul că suntem ucenici ai lui Isus ne conduce la esența a ceea ce suntem noi și a ceea ce ar trebui să facem cu viețile noastre.

În articolul de față voi susține că ucenicizarea – adică să-i ajutăm pe alții să-L urmeze pe Isus – decurge direct din realitatea că suntem ucenici ai lui Isus. Ucenicii sunt chemați să-L urmeze pe Hristos, iar a-L urma înseamnă să-i ajutăm pe alții să-L urmeze.

Ești tu oare un ucenic care face alți ucenici?

UCENICII ÎL URMEAZĂ PE ISUS

Când Îl întâlnim pe Isus pentru prima dată, întâlnim pe cineva care ne cheamă să venim la El și să murim (Marcu 8:34-35). Mai apoi, El ne cheamă să-L urmăm și să învățăm de la El (Matei 4:19, 11:29). Nu contează dacă suntem educați sau nu, bogați sau săraci, tineri sau bătrâni, asiatici, africani sau americani. Singura cerință este să ne pocăim de răzvrătirea împotriva Creatorului nostru și să ne alipim de El prin credință (Marcu 1:15; 1 Tes. 1:9). Dacă facem aceasta, ni se promite iertarea păcatelor și împăcarea cu Dumnezeu (Col. 1:13-14; 2 Cor. 5:17-21). Isus ne cheamă să venim la El și să murim, pentru ca, în felul acesta, să putem trăi.

Cei care Îl urmează pe Isus prin credință sunt cunoscuți ca ucenici ai Lui. Unii sugerează că ucenicii sunt acei „super-creștini" care fac totul pentru Isus, în timp ce creștinii sunt doar „credincioșii normali". Totuși, Scriptura nu susține în niciun fel această deosebire (vedeți, de ex. Matei 10:38, 16:24-28; Marcu 8:34; Luca 9:23, 57-62; Ioan 10:27, 12:25-26). Fie Îl urmăm pe Isus, fie nu. Nu există o cale de mijloc (Matei 12:30).

UCENICII ÎL IMITĂ ȘI ÎL REPLICĂ PE ISUS

În esența practicii de a-L urma pe Isus stă chemarea Lui de a-L imita și de a-L replica. Ca ucenici, noi suntem chemați să imităm dragostea lui Isus (Ioan 13:34), misiunea Lui (Matei 4:19), smerenia Lui (Filip. 2:5), slujirea Lui (Ioan 13:14), suferințele Lui (1 Petru 2:21) și ascultarea Lui de Tatăl (1 Ioan 2:3-6). Întrucât El este Învățătorul nostru, noi trebuie să învăţăm de la El şi să ne străduim, în puterea Duhului Sfânt, să devenim asemenea Lui (Luca 6:40). Această creştere în asemănare cu Hristos este o lucrare de o viaţă, fiind alimentată de aşteptarea şi nădejdea că, într-o zi, Îl vom vedea faţă în faţă (1 Ioan 3:2-3).

UCENICII ÎI AJUTĂ PE ALȚII SĂ ÎL URMEZE PE ISUS

Atunci când Îl urmăm pe Domnul, descoperim rapid că parte din imitarea Lui înseamnă replicarea. Faptul că avem o relaţie personală cu Domnul Isus este un lucru magnific, dar este incomplet dacă se limitează la noi. Parte din a fi un ucenic al Lui înseamnă să-i ajutăm în mod intenţionat pe alţii să înveţe lucruri de la El şi să devină mai asemănători Lui. Este aşa cum spunea un prieten: „dacă nu-i ajuţi pe alţi oameni să Îl urmeze pe Isus, chiar nu ştiu ce vrei să spui atunci când pretinzi că Îl urmezi tu însuţi pe Isus". A fi ucenicul Lui înseamnă să-i ajuţi pe alţii să-L urmeze.

A fi un ucenic care face alţi ucenici se petrece în două modalităţi specifice. În primul rând, suntem chemaţi să evanghelizăm. Evanghelizarea înseamnă să le spunem oamenilor care nu-L urmează pe Isus ce înseamnă să-L urmeze. Noi facem acest lucru atunci când propovăduim şi ilustrăm Evanghelia în jurul nostru şi în alte popoare (Matei 28:19-20). Nu trebuie să uităm niciodată că Dumnezeu ne-a aşezat în familii, la locuri de muncă, în cercuri de prieteni şi aşa mai departe, aşa încât să le propovăduim Evanghelia harului acelora care, separaţi de Hristos, nu pot ajunge decât în Iad. Trebuie să-i ajutăm pe oameni să înveţe ce înseamnă să înceapă să-L urmeze pe Isus.

Cel de-al doilea aspect al ucenicizării înseamnă să-i ajutăm pe alţi credincioşi să crească în asemănare cu Hristos. Isus a lăsat ca Biserica Lui să fie un trup (1 Cor. 12), o Împărăţie cu cetăţeni şi o familie în care membrii se zidesc reciproc spre plinătatea lui Hristos (Efes. 2:19; 4:13, 29). Suntem chemaţi să ne învăţăm unii pe alţii lucruri despre Hristos (Rom. 15:14) şi să îi imităm pe alţii care Îl urmează pe Hristos (1 Cor. 4:16, 11:1; 2 Tes. 3:7, 9). Ca ucenici, noi suntem chemaţi să ne investim în mod intenţionat vieţile în a-i ajuta pe alţi ucenici, aşa încât ei înşişi să îşi investească vieţile în ajutorul altora (2 Tim. 2:1-2).

UCENICII CONSTRUIESC ÎN MOD INTENȚIONAT RELAȚII

Ucenicizarea nu are loc de la sine. Trebuie să manifestăm intenţia de a dezvolta relaţii profunde şi oneste, prin intermediul cărora să le facem mult bine spiritual celorlalţi creştini. Chiar dacă putem avea relaţii de ucenicizare în multe alte circumstanţe, cel mai natural loc ca ele să se dezvolte este în comunitatea bisericii locale. În biserică, creştinilor li se porunceşte să se întâlnească regulat, să se încurajeze reciproc să crească în asemănarea cu Hristos şi să se protejeze reciproc împotriva păcatului (Evrei 3:12-13; 10:24-25).

Relaţiile de ucenicizare care izvorăsc din acest fel de comunitate dedicată ar trebui să fie deopotrivă cu planificate şi spontane. Atunci când studiem viaţa lui Isus, vedem că El Şi-a învăţat ucenicii în mod natural (Matei 5-7; Marcu 10:1), permiţându-le să observe ascultarea Lui faţă de Dumnezeu în timp ce au petrecut timp împreună (Ioan 4:27; Luca 22:39-56).

În acelaşi fel, unele dintre relaţiile noastre de ucenicizare ar trebui să fie planificate. Poate că există doi prieteni creştini care se hotărăsc să citească împreună un capitol din Evanghelia după Ioan, după care să îl discute la o cafea sau când merg împreună la sala de gimnastică. Poate că doi oameni de afaceri creştini citesc un capitol pe săptămână dintr-o carte creştină, apoi discută pe marginea lui în decursul plimbării lor prin parc, alături de copiii lor. Poate că două cupluri aranjează o întâlnire comună odată pe lună, şi discută despre ceea ce Biblia spune despre căsnicie. Sau poate că o soră evlavioasă mai în vârstă invită o creştină necăsătorită acasă la ea într-o după-amiază, pentru a se ruga şi pentru a studia o biografie creştină. Poate că o mamă petrece timp în parc cu alte mame, şi face lucrul acesta săptămânal. Indiferent care ar fi formatul, parte din lucrarea noastră de ucenicizare ar trebui să implice momente planificate pentru lectură, rugăciune, mărturisire, încurajare şi provocare reciprocă în a deveni mai asemănători lui Hristos.

Dar ucenicizarea poate fi şi spontană. Poate că prietenii pot să meargă la un film împreună, după care să mănânce o îngheţată în timp ce compară mesajul acelui film cu ceea ce spune Biblia. Poate că un tată și un fiu se așază împreună în cerdacul casei și se gândesc la slava lui Dumnezeu manifestată în apusul soarelui. Poate că inviți vizitatori ai bisericii la un prânz și îi întrebi cum au ajuns să Îl cunoască pe Domnul Isus.

Trebuie să fim întotdeauna intenționali, dar nu trebuie să fim totdeauna planificați. De fapt, Deuteronom 6 ne arată că ucenicizarea are loc „când vei fi acasă, când vei pleca în călătorie, când te vei culca și când te vei scula" (v. 7). Fiecare moment ne oferă o oportunitate de a discuta despre cine este Dumnezeu și despre ceea ce El face. Întrucât noi Îl urmăm întotdeauna pe Domnul Isus, avem mereu la dispoziție oportunitatea de a-i ajuta pe alții să-L urmeze alături de noi.

UCENICII DEPIND DE HARUL LUI DUMNEZEU

Chiar dacă este adevărat că un ucenic al lui Isus trebuie să-i ajute pe alții să Îl urmeze, trebuie să ne amintim constant că, fără ajutorul și puterea harului lui Dumnezeu, nu putem face nimic (Ioan 15:5). Fie că ești păstor, instalator, polițist sau mamă care își educă acasă copiii, nu ai scăpat niciodată de dependența ta de harul lui Dumnezeu.

Atunci când Îl urmăm pe Hristos și îi ajutăm pe alții să Îl urmeze, rămânem conștienți de faptul că avem nevoie permanentă de har. Noi păcătuim și eșuăm. Ne luptăm adesea cu tot felul de piedici. Totuși, din fericire, harul lui Dumnezeu este revărsat din abundență peste copiii Lui. Aceasta este o veste bună atunci când căutăm să-L urmăm pe Isus împreună și să fim transformați zilnic mai mult după chipul Său glorios (2 Cor. 3:18). Fie ca noi să Îl urmăm cu credincioșie pe Hristos și să-i ajutăm pe alții să facă același lucru, până când Îi vom vedea fața. Vino curând, Doamne Isuse!

DESPRE AUTOR:

Garrett Kell este păstorul senior al Del Ray Baptist Church din Alexandria, Virginia.

ÎN PRINCIPIU, CUM FUNCȚIONEAZĂ UCENICIZAREA?

Ucenicizarea funcționează în mod esențial prin **învățare** și **imitare**. Ucenicizarea funcționează cel mai bine prin **dragoste**. Atunci când noi îi învățăm cu dragoste pe credincioșii mai tineri pe calea sfințeniei și trăim vieți evlavioase, ei cresc în asemănarea cu Hristos imitând viața și învățătura noastră (v. 1 Tim. 4:16).

Învățare: Biblia îi cheamă pe păstori și pe părinți să le dea învățătură celor care se află sub autoritatea în lor (Prov.; Gal. 6:6; Efes. 6:4; 1 Tes. 4:8; 1 Tim. 1:18, 6:3; 2 Tim. 2:25; 4:2). De asemenea, ea îi cheamă pe toți credincioșii să se învețe unul pe altul (Rom. 15:14).

Imitare: Creștinii sunt chemați să fie în primul rând cei care Îl imită pe Dumnezeu, apoi să se imite unul pe altul. Noi creștem în harul lui Dumnezeu prin ascultare și imitare. Gândiți-vă la următoarele pasaje:

- „Călcați pe urmele mele, întrucât și eu calc pe urmele lui Hristos" (1 Cor. 11:1);
- „Aduceți-vă aminte de mai marii voștri, care v-au vestit Cuvântul lui Dumnezeu; uitați-vă cu băgare de seamă la sfârșitul felului lor de viețuire, și urmați-le credința!" (Evrei 13:7);
- „Ce ați învățat, ce ați primit și auzit de la mine, și ce ați văzut în mine, faceți. Și Dumnezeul păcii va fi cu voi" (Filip. 4:9);
- „Tu, însă, ai urmărit de aproape învățătura mea, purtarea mea, hotărârea mea, credința mea, îndelunga mea răbdare, dragostea mea, răbdarea mea" (2 Tim. 3:10);
- „Preaiubitule, nu urma răul, ci binele. Cine face binele, este din Dumnezeu: cine face răul, n-a văzut pe Dumnezeu" (3 Ioan 11).

Dragoste: oamenii îți vor imita viața chiar și atunci când tu nu îi iubești. Cu toate acestea, un lider care conduce cu dragoste prezintă cea mai frumoasă imagine a lui Hristos, iar oamenii te vor urma cel mai bine atunci când îi vei iubi.

Prietenie: Într-un sens, ucenicizarea este pur și simplu o prietenie, dar o prietenie care îndreaptă privirile către Hristos. Ce fac prietenii? Ei se imită unul pe altul. În ucenicizare, noi ne împrietenim cu alții pentru a crește în asemănare cu Hristos și pentru a-i ajuta pe ceilalți să crească în asemănarea Lui.

Cum să fii un ucenic? (i) Ascultă și privește la felul în care creștinii mai maturi muncesc, se odihnesc, își cresc o familie, tratează situațiile conflictuale, își evanghelizează vecinii, perseverează în încercări, slujesc în biserică sau se luptă cu păcatul. (ii) Imită-i!

NIMENI NU CAPĂTĂ BISERICA PE CARE ȘI-O DOREȘTE

Bobby Jamieson

De-a lungul ultimelor câteva zile, am fost nevoit mai mult sau mai puțin să stau în pat. Acesta este un lucru rar pentru mine, pentru că am vârsta de 27 de ani și sunt în general sănătos. Totuși, m-am ales cu un disc care a degenerat în zona lombară și, de câtva timp, mă jenează.

Judecând după cum sunt bolile în zilele noastre, aceasta este una minoră, din fericire. Este chiar nimic dacă o compar cu cancerul cu care se luptă unul dintre membrii bisericii mele, sau cu durerile groaznice cu care au de-a face alți membri. Cu toate acestea, iată cum mi-a ruinat planurile pentru întreaga săptămână. Am fost nevoit să ratez niște lecții, să amânăm aniversarea cununiei, cu soția, și să stau în pat toată ziua, în loc să mă joc cu copiii.

Totuși, în toate acestea, Dumnezeu m-a învățat lecții pe care, dacă este să fiu sincer, nu știu dacă voiam să le învăț. El mă învață să nu transform frustrarea în cuvinte aspre față de soția mea, să nu mă îngrijorez legat de felul cum ar putea să evolueze această suferință de-a lungul zecilor de ani ce ne stau înainte, și să înțeleg cât de dependent sunt în realitate de El.

Eu nu voiam să învăț aceste lecții chiar săptămâna asta, dar Dumnezeu știe că aveam nevoie de ele. Sunt încrezător că acesta este unul dintre motivele pentru care El nu mi-a dat săptămâna pe care eu o doream.

Și aș sugera că există în treaba asta o lecție și pentru viața în biserică. Ca să exprim lucrurile mai direct, nimeni nu capătă biserica pe care și-o dorește.

Este foarte probabil să nu vii la biserică cu o listă scrisă și un clipboard, dar toți purtăm cu noi o listă de preferințe. Poate că preferi un anume fel de muzică, o anumită experiență în închinare. Poate că dorești un predicator care să pătrundă două mile în adâncime atunci când analizează doar două versete din cartea Romani. Poate că preferi lideri carismatici, extrovertiți, care pot să lege relații cu oricine și care să aibă totdeauna răspunsurile pregătite la orice fel de întrebare.

Orice s-ar afla pe lista ta, un lucru îți pot garanta: nu tot ce se găsește pe lista ta se găsește și pe lista lui Dumnezeu.

În esență, ceea ce vreau să spun este că tu ai opinii care trec dincolo de voia revelată a lui Dumnezeu. Un predicator pe care îl respect foarte mult obișnuia să spună că „eu n-am opinii, ci doar cred Biblia". Îmi place spiritul din spatele acestei afirmații, dar acest lucru este imposibil. Ai mânca mai degrabă un sendviș sau o salată de boeuf? Ai cânta mai degrabă „Cetate tare este Dumnezeu" sau „Măreţul har"? Oricare ar fi răspunsul tău, aceea este o opinie, dar îți va fi dificil să îmi oferi un capitol și un verset din Biblie care să susțină preferința ta în fața altuia.

Dar există un alt sens potrivit căruia lista ta cu trăsăturile bisericii ideale nu se potrivește cu lista lui Dumnezeu: El Și-a revelat voia pentru Biserică în Scriptură, și totuși nicio biserică locală nu împlinește în mod perfect acea voie. Nicio biserică nu este atât de matură și sfântă pe cât o cheamă Cuvântul lui Dumnezeu să fie. Fiecare biserică este o lucrare aflată undeva pe drum. Așadar, însăși foamea sănătoasă după a fi parte dintr-o biserică matură ar putea să te conducă uneori să fii nerăbdător în ce privește aspectele de imaturitate și luptele din propria congregație.

Iar Dumnezeu a revelat ce ar trebui să fie și să facă bisericile. Ele ar trebui să fie conduse de câțiva bărbați evlavioși care să păstorească turma și să predice Cuvântul (1 Tim. 3:1-7; 2 Tim. 4:1-5). Ce ar trebui să faci dacă te-ai afla într-o biserică fără conducere pluralistă? Răspunsurile sunt nenumărate după cum sunt variabilele din orice situație reală. Una dintre opțiunile posibile este ca tu să manifești răbdarea lui Dumnezeu față de poporul Său imperfect.

Dacă Dumnezeu poate să suporte cu răbdare poporul Său în ciuda imaturității și a eșecurilor acestora de a împlini poruncile Lui, așa poți și tu. Dacă te afli într-o poziție de influență, exercită acea influență cu smerenie și înțelepciune. Totuși, indiferent ce faci, nu lăsa ca dorința ta bună ca biserica să asculte de Scriptură să te împietrească în frustrare sau amărăciune.

Nimeni – da, nimeni – nu capătă biserica pe care și-o dorește. Noi toți avem opinii, preferințe, și uneori chiar convingeri care nu se vor potrivi perfect niciunei biserici actuale unde se adună poporul lui Dumnezeu. Noi toți va trebui să punem interesele altora deasupra intereselor noastre și să sacrificăm ceea ce noi ne dorim de dragul a ceea ce întreg trupul are nevoie.

În anumite modalități, aceasta este până la urmă ideea de viață în biserică. Dumnezeu ne-a făcut membre ale trupului, așa încât să învățăm să funcționăm ca trup (1 Cor. 12:12-27). Dumnezeu ne-a făcut conlucrători în Evanghelie așa încât să ilustrăm Evanghelia prin a-i pune pe alții deasupra noastră (Filip. 2:3-4). Hristos a lăsat deoparte drepturile Lui pentru a ne sluji nouă, și exact asta faci tu de fiecare dată când sacrifici o preferință pentru a promova creșterea trupului bisericii.

Atunci când îi pui pe alții înaintea ta, acest lucru te va costa. Într-o societate saturată de consumerism și cu orașe unde ai o multitudine de opțiuni de biserici, ultimul lucru pe care dorim să îl facem este să sacrificăm preferințele noastre. Dar tocmai asta este ceea ce Evanghelia ne cheamă să facem.

Așadar, să zicem că biserica ta cântă o cântare care ție nu îți place deloc. Cuvintele sunt biblice, dar faci o grimasă când vine vorba de melodie și stil. În loc să îți vezi de treaba ta în tăcere, în timp ce cântarea se derulează, tu sapi adânc și scoți de acolo tot felul de nemulțumiri. Ba mai mult, îl vezi pe un alt membru al bisericii care chiar iubește acea cântare. Totuși, încurajează acel membru, oricine ar fi, cântând alături de el acel imn sau acea cântare spirituală (Col. 3:16-17).

Fă-ți obiceiul de a abandona preferințele tale, așa încât să poți fi hrănit concentrându-te pe binele întregului trup. Educă-ți inima, mintea, limba și mâinile să se îndrepte către atitudine evanghelică de a renunța la preferințele tale, așa încât ceilalți să câștige.

Dumnezeu ar putea să nu-ți dea biserica pe care ți-o dorești, dar este mult mai posibil ca El să-ți dea biserica de care tu ai nevoie. Așadar, aruncă o privire în jurul tău. Poate că El deja a așezat o astfel de biserică la îndemâna ta.

DESPRE AUTOR:

Bobby Jamieson este doctorand în studiul Noului Testament la Universitatea din Cambridge. El a slujit anterior ca redactor adjunct la 9Marks. Îl puteți găsi pe Twitter la adresa @bobby_jamieson.

PROGRAMUL DE UCENICIZARE AL LUI ISUS PENTRU BISERICA TA

Jonathan D. Leeman

Ceea ce vă propun este ideea că programul de ucenicizare al lui Isus este congregaționalismul în contextul unei biserici condusă de prezbiteri.

Prima parte a programului de ucenicizare al lui Isus: responsabilitatea congregațională

Pentru a înțelege ce au în comun congregaționalismul de acest fel și ucenicizarea, trebuie să ne gândim la cele două jumătăți ale acestui concept. Jumătatea care face referire la *congregaționalism* îți cere ție, membru obișnuit al bisericii, să îți asumi responsabilitatea pentru ceilalți membri ai bisericii.

Pentru a te achita de partea ta de responsabilitate, trebuie să cunoști Evanghelia. Trebuie să studiezi Evanghelia. Trebuie să protejezi lucrarea Evangheliei din biserica ta. Trebuie să lucrezi pentru înaintarea Evangheliei în viețile celorlalți membri ai bisericii tale, și în cei din afara bisericii. Ca să exprim acest lucru într-o altă modalitate, trebuie să veghezi asupra bisericii tale, păstrând-o consacrată lui Dumnezeu, la fel cum Adam trebuia să vegheze asupra grădinii și cum preoții din Israel trebuiau să vegheze asupra Templului, păstrându-le consacrate lui Dumnezeu.

Pentru a fi mai clar, eu plec de la prezumția că posesia responsabilității survine ca urmare a posesiei autorității. O persoană nu este responsabilă să facă un lucru pentru care n-a primit autoritatea necesară. Nu îmi spune că am ceva de făcut dacă nu-mi dai autoritatea să fac acea slujbă! Asta ar suna ca și cum mi-ai spune să curăț o clădire fără a-mi da cheile clădirii.

Așadar, premisa fundamentală a jumătății congregaționale este că biserica adunată se află în posesia autorității, întrucât Isus o autorizează în mod expres și întrucât El îl face pe fiecare credincios al Evangheliei responsabil pentru propovăduirea și protejarea Evangheliei și a poporului creat prin Evanghelie.

A doua parte a programului lui Isus: pregătirea prin prezbiteri

Totuși, gândește-te la următorul lucru: cine îi pregătește și îi echipează pe credincioșii Evangheliei să-și facă slujba? Cine le predică Evanghelia și cine îi învață cum să aplice Evanghelia fiecărui domeniu al vieții? Cine îi instruiește cum să discearnă între pretențiile adevărate și cele false de credință, așa încât să păzească biserica dedicată Domnului?

Păstorii și prezbiterii!

Acest lucru ne conduce la cealaltă jumătate a programului de ucenicizare al lui Isus – bisericile conduse de prezbiteri. Congregația are nevoie de liderii ei pentru a-i pregăti să se achite de responsabilitățile lor. Iată felul în care Pavel exprima acest lucru: Isus „a dat pe unii... păstori și învățători, pentru desăvârșirea sfinților, în vederea lucrării de slujire, pentru zidirea trupului lui Hristos" (Efes. 4:11-12). Ce fac păstorii? Echipează. Ce fac sfinții? Lucrarea de slujire. Cele două părți lucrează împreună:

Prezbiterii —> te pregătesc pentru slujire

Congregaționalismul —> îți dă o slujbă.

Pe scurt, acesta este programul și modelul lui Isus de ucenicizare. Sau, dacă vreți să mă exprim într-un mod matematic, conducerea prezbiterilor + conducerea congregațională = ucenicizare.

Însumează aceste două variabile, și ai obținut programul lui Isus pentru ucenicizare.

Oamenii își fac griji că ideea de congregaționalism implică punerea deciziilor bisericii în mâinile celor mai imaturi membri ai ei.

Este adevărat că, dacă prezbiterii nu îi echipează pe sfinți, oamenii vor fi imaturi și vor lua decizii greșite. Dar tocmai faptul că acest model de congregaționalism nu le permite liderilor să-și impună voința asupra membrilor, chiar și asupra celor imaturi, îi forțează pe lideri să facă lucrarea de pregătire a membrilor bisericii. Programul lui Isus necesită ca liderii să aducă învățătură, să echipeze, să păstorească și să crească membrii bisericilor lor către maturitate, și către abilitatea de a lua decizii bune. Membrii bisericii sunt asemenea unor adolescenți de 16 ani care au în mâna lor cheile mașinii. Mamă și tată, ați face bine să îi învățați să conducă prudent. Nu blamați congregațiile pentru conducerea greșită. Blamați-i pe învățătorii lor.

Bisericile care le dau toată autoritatea liderilor lor își rănesc propria cultură de ucenicizare. Abandonându-și autoritatea, membrii devin mai puțin responsabili. Ei înclină astfel către pasivitate și complacere, ba chiar către o atitudine lumească. În final, ei lasă biserica mai puțin protejată.

Între timp, păstorii care îndepărtează autoritatea de la congregațiile lor, ironic, prin acest gest, ei abandonează o formă a propriei lor conducere. Se presupune că ei trebuie să lucreze din greu la echiparea bisericii pentru a-și folosi autoritatea într-un mod matur. Dar dacă ei îi fură bisericii această responsabilitate, evident, slujba lor va fi mai ușoară, dar nu vor fi acei lideri pe care Dumnezeu îi dorește.

Este oare congregaționalismul biblic o formă de democrație? Nu, este o formă de guvernare mixtă – parțial monarhie (domnia Unuia), parțial oligarhie (domnia câtorva), și parțial democrație (domnia multora). Isus este Împărat prin Cuvântul Său. Prezbiterii sau păstorii conduc. Congregația, la rândul ei, are ultimul cuvânt, omenește vorbind, asupra anumitor aspecte cruciale. Tocmai această dinamică între *unul*, *câțiva* și *mulți* este ceea ce dezvoltă cultura ucenicizării și ceea ce ghidează membrii imaturi ai bisericii către maturitate.

Ai înțeles? Când Isus și apostolii au vorbit despre conducerea bisericii, aceasta nu a fost doar o discuție legată de procese birocratice de luare a deciziei. Discuția a avut de-a face în mod fundamental cu chestiunea ucenicizării!

DESPRE AUTOR:

Jonathan Leeman este directorul editorial al 9Marks, și unul dintre prezbiterii Capitol Hill Baptist Church din Washington, D.C. Îl puteți găsi pe Twitter la adresa @JonathanDLeeman.

Nota editorului: acest articol constituie un fragment ușor modificat din cartea lui Jonathan Leeman, intitulată *Understanding the Congregation's Authority (B&H, 2016).*

UCENICIZAREA ESTE NORMALITATEA ÎN CREȘTINISM

Erik Raymond

Care este slujba ta, creștine? Dacă Dumnezeu ți-ar fi dat o fișă de post pentru viața creștină, ce ar pune El pe acea fișă?

În miezul responsabilității creștinului se găsește lucrarea de ucenicizare. Citim acest lucru clar în cuvintele Domnului nostru, rostite înaintea înălțării Lui:

> „Isus S-a apropiat de ei, a vorbit cu ei, și le-a zis: ‚Toată puterea Mi-a fost dată în cer și pe pământ. Duceți-vă și faceți ucenici din toate neamurile, botezându-i în Numele Tatălui și al Fiului și al Sfântului Duh. Și învățați-i să păzească tot ce v-am poruncit. Și iată că Eu sunt cu voi în toate zilele, până la sfârșitul veacului'" (Matei 28:18–20)

Ce înseamnă să faci ucenici? Un ucenic este cineva care învață de la Domnul Isus și care Îl urmează. Când facem ucenici, ne străduim să facem tot ce putem ca să îi vedem pe cei ce nu Îl urmau pe Hristos venind la El (convertire), apoi îi învățăm să Îl urmeze pe Isus cu credincioșie în orice domeniu al vieților lor (maturizare).

Mulți creștini aud acest lucru și îl închid într-un sertar al idealismului. Evident, zic ei, ne-ar plăcea să ucenicizăm pe cineva, dar în realitate nu putem face acest lucru. Ei își imaginează că ucenicizarea este peste puterile lor. Este oare acest lucru adevărat? Este ucenicizarea ceva ce doar păstorii, prezbiterii sau credincioșii „maturi" pot face? Sau este ea o lucrare accesibilă tuturor?

Iată esența ideii mele: ucenicizarea este parte din normalitatea creștină. Ea ține de esența creștinismului. Este ca atunci când ai învățat să socotești și să citești alfabetul. Tot așa, cu greu poți găsi vreo parte a vieții creștine care să nu implice ucenicizare. Întrucât creștinismul este o credință comunitară, el presupune ucenicizare.

Pot exista multe paradigme care să-ți vină în minte atunci când auzi termenul *ucenicizare*. Unii oameni insistă pe citirea unei cărți, pe o întâlnire la o cafea, o masă luată împreună, o întâlnire la sala de gimnastică și așa mai departe. Toate acestea pot ajuta lucrarea de ucenicizare, dar ele nu sunt o condiție necesară sau esența indispensabilă a ei. Isus nu ne-a dat niciodată un program al ucenicizării, dar ne-a dat exemplul Lui și o poruncă largă, care atinge multe aspecte când o împlinim. Drept rezultat, avem o mare libertate și o mare povară atunci când vorbim de ucenicizare.

Cum trebuie să arate asta? Când Isus să ne poruncește să facem ucenici, El intenționează ca noi să ne trăim viețile în ascultare față de El, în prezența altor oameni, credincioși și necredincioși. Această trăire intențională caută să le arate altora valoarea și puterea lui Hristos. Pe scurt, noi îi lăsăm pe oameni să se apropie de noi pentru a vedea felul în care ne trăim credința creștină.

Dați-mi voie să vă dau câteva exemple:

Ucenicizarea are loc atunci când un credincios vrea să se căsătorească, dar pur și simplu nu știe ce anume trebuie să facă. El cere ajutorul unui alt frate, care să îl călăuzească. Acest frate îl scoate la un prânz și discută anumite principii biblice și practice. Apoi se angajează să se roage pentru el, să fie disponibil când se ridică alte întrebări și să se întâlnească ocazional pentru a discuta despre progresul pe care fratele lui l-a făcut.

Ucenicizarea are loc atunci când o mamă cu doi copilaşi înapoiază un lucru pe care l-a împrumutat de la o soră din biserică. În decursul discuţiei, ele ating diverse subiecte, iar tânăra mamă îşi exprimă sentimentele de oboseală şi eşec în a se ridica la înălţimea standardelor percepute de ea cu privire la calitatea de mamă. Cealaltă femeie o ascultă, îi aduce aminte de Scriptură, se roagă cu ea, apoi continuă să stea alături de ea, încurajând-o în Evanghelie.

Ucenicizarea are loc atunci când un tată arată cu degetul către o domnişoară îmbrăcată sumar şi le spune băieţilor lui adolescenţi că ceea ce ei văd nu este frumuseţe. El le explică ce este frumuseţea adevărată şi cum aceasta izvorăşte din caracterul şi voinţa lui Dumnezeu. El continuă să le spună, să le arate şi să accentueze ce este adevărata frumuseţe care Îi place lui Dumnezeu (1 Petru 3:3-4).

Ucenicizarea are loc când un frate îl observă pe un alt frate alergând disperat la locul lui de muncă, neglijându-şi familia şi lucrarea. El se apropie de acest frate amintindu-i de comoara adevărată şi durabilă, ca şi de perspectiva corectă asupra muncii.

Ucenicizarea are loc când o mamă merge în parc cu copiii ei. La un moment dat, copiii devin nestăpâniţi iar ea, cu răbdare, cu dragoste dar cu credincioşie, îşi disciplinează copiii. Există multe priviri îndreptate asupra ei. Atât femeile credincioase cât şi cele necredincioase sunt intrigate. Încep conversaţiile şi, în curând, roada Duhului le îndreaptă tuturor atenţia către valoarea nepreţuită a lui Hristos.

Ucenicizarea are loc când o mamă care îşi educă copiii acasă îşi foloseşte puţinul timp liber pentru a merge la aceeaşi cafenea sperând să-şi facă noi prietene şi să deschidă astfel uşi noi pentru mărturisirea Evangheliei.

Ucenicizarea are loc când o femeie necăsătorită simte nemulţumirea unei alte femei în aceeaşi situaţie cu ea, şi se apropie de aceasta, încurajând-o cu pacea Evangheliei.

Acestea sunt pur şi simplu circumstanţe de zi cu zi, lucruri obişnuite. În fapt, le-am cules din vieţile obişnuite ale oamenilor din biserica noastră. Tocmai această lucrare obişnuită, normală, este ceea ce împinge biserica înainte către maturitate, protejând-o în acelaşi timp de faliment spiritual.

„Ci îndemnaţi-vă unii pe alţii în fiecare zi, câtă vreme se zice: ‚Astăzi', pentru ca niciunul din voi să nu se împietrească prin înşelăciunea păcatului. Căci ne-am făcut părtaşi ai lui Hristos, dacă păstrăm până la sfârşit încrederea nezguduită de la început" (Evrei 3:13–14)

Ucenicizarea este practica normală a credincioşilor. Ai putea spune că, la urma urmei, creştinismul este mai mult decât ucenicizare, dar cu siguranţă că nu este mai puţin. Noi suntem păzitorul fratelui nostru. Această lucrare se găseşte în fişa noastră de post.

DESPRE AUTOR:

Erik Raymond este păstorul Emmaus Bible Church din Omaha, Nebraska, şi scrie în mod regulat pe blogul lui, intitulat *Ordinary Pastor*. Îl puteţi găsi pe Twitter la adresa @erikraymond.

CUM SĂ POT SĂ UCENICIZEZ ALȚI CREȘTINI ÎN MOD PRACTIC?

1. Alătură-te unei biserici.
2. Vino din timp la adunările bisericii și mai rămâi după încheierea lor.
3. Practică ospitalitatea față de membrii bisericii tale.
4. Cere-I lui Dumnezeu să-ți dea prietenii strategice.
5. Dacă este posibil, introduce o categorie în bugetul familiei tale sau în bugetul pastoral pentru un timp pus deoparte alături de ceilalți creștini. Discută acest lucru cu soțul sau soția ta. Dacă este posibil, faceți acest lucru și în cazul bugetului celuilalt.
6. Pune pe calendar în mod regulat mese sau alte forme de implicare socială acceptate în zona ta, prin care să ai de-a face cu persoane dispuse să învețe, de același sex. În funcție de persoană, ai putea decide să te întâlnești cu acea persoană o singură dată, nelimitat, sau de un anumit număr de ore, să zicem 5. Dacă tu și cealaltă persoană aveți o pasiune comună, puteți să căutați modalități de a petrece timp împreună în felul acesta.
7. Pune întrebări legate de acele persoane. Întreabă despre părinții lor, despre soț sau soție, despre copii, despre mărturia întoarcerii la Domnul, despre slujba lor, despre umblarea cu Hristos și așa mai departe. Atunci când pui întrebări, totuși, fă acest lucru într-o manieră care este potrivită pentru contextul din societatea ta, așa încât să nu îi sperii.
8. Împărtășește aceleași informații despre tine.
9. Caută modalități de a purta conversații spirituale. Poate că veți decide să citiți împreună Biblia sau o carte creștină.
10. Gândește-te la nevoile fizice și materiale ale acelei persoane. Ar putea exista lucruri de pe urma cărora ei să beneficieze ca urmare a relației cu tine?
11. Roagă-te cu acele persoane.
12. În funcție de situația ta familială, invită persoane acasă la tine sau să petreacă timp cu familia ta. Permite-le să îți vadă viața de familie.
13. Caută modalități de a te ruga pentru acea persoană de-a lungul săptămânii atât tu cât și împreună cu soția sau soțul tău.

CINCI MOTIVE PENTRU CARE NU FACEM UCENICIZARE

Barry Cooper

PARTEA ÎNTÂI

În urmă cu 7 ani, revista *Christianity Today* i-a cerut lui John Stott să evalueze creșterea bisericii evanghelice. Iată evaluarea lui:

> „Răspunsul este ‚creștere fără profunzime'. Niciunul dintre noi nu dorește să pună sub semnul întrebării creșterea extraordinară a bisericii. Totuși, ea este în mare măsură o creștere numerică și statistică. Nu există o creștere suficientă în ucenicizare care să fie comparabilă cu creșterea numerică."

Din nefericire, după 7 ani, acea evaluare rămâne valabilă. Deși creșterea noastră poate fi văzută ca un ocean, ea nu este adesea mai adâncă de un deget. De ce se întâmplă asta? Ce anume facem greșit? Voi sugera 5 motive pentru care noi nu facem ucenicizare – sau cel puțin pentru care ucenicizarea nu este făcută bine.

Mai înainte de toate, care este rațiunea biblică ce stă în spatele ucenicizării? Există multe argumente, dar pasajul cheie se găsește în Matei 28:18-20:

> „Isus S-a apropiat de ei [cei 11 ucenici], a vorbit cu ei, și le-a zis: ‚Toată puterea Mi-a fost dată în cer și pe pământ. Duceți-vă și faceți ucenici din toate Neamurile, botezându-i în Numele Tatălui și al Fiului și al Sfântului Duh. Și învățați-i să păzească tot ce v-am poruncit...'"

Dar întrebarea este: se aplică această poruncă – „duceți-vă și faceți ucenici..." – doar celor 11 ucenici cărora le vorbea Isus? Sau se aplică fiecărui ucenic creștin?

Uneori, traducerile ne oferă impresia că acel „duceți-vă" este accentul și esența poruncii – și aceasta este modalitatea prin care versetul a ajuns să fie catalizatorul mișcării misionare moderne. Totuși, principalul verb al frazei este „faceți ucenici". Un comentator a prezentat acest aspect în felul următor: „trimiterea făcută de Isus aici nu are în mod fundamental de-a face cu misiunea în vreo țară străină. *Este o trimitere care face din ucenicizare agenda normală și prioritatea fiecărei biserici și a fiecărui ucenic creștin*".

D.A. Carson formulează aceeași concluzie:

> „Porunca le este dată cel puțin celor 11, dar ea le este dată având în vedere rolul lor de ucenici. De aceea, ei sunt modele pentru toți ucenicii... Ea este valabilă pentru toți ucenicii lui Hristos, și le cere să facă ceea ce ei înșiși sunt – ucenici ai lui Isus Hristos."

Asta mă conduce la o întrebare tulburătoare. Dacă Domnul Isus Însuși i-a poruncit fiecărui creștin să „facă ucenici", de ce nu facem noi toți asta? Ce anume împiedică bisericile noastre să fie acele comunități harnice în facerea de ucenici?

De ce nu facem ucenicizare? Pentru că predicăm un har ieftin

Probabil că vă amintiți de Dietrich Bonhoeffer, păstorul și teologul german. El a definit harul ieftin în felul următor: „harul ieftin constă în predicarea iertării fără a cere pocăința, a botezului fără disciplina bisericii, a Cinei Domnului fără mărturisirea păcatului. Harul ieftin este harul fără ucenicie, harul fără cruce, harul fără Isus Hristos" (*The Cost of Discipleship*, p. 43-44).

Ce aud oamenii când este predicată Evanghelia în biserica ta? Aud ei cumva „evident, ați păcătuit, dar acum totul este iertat. Isus a plătit prețul păcatelor voastre. El s-a ocupat de totul"?

Este în regulă ce s-a spus până aici, dar nu s-a mers până la capătul drumului. Problema este că această evanghelie nu conține nicio chemare la ucenicie. Nu există aici nicio chemare la pocăință și nici la sfințenie. Nu sună acest lucru foarte diferit de insistența lui Isus din Marcu 8:34? „Dacă voiește cineva să vină după Mine, să se lepede de sine însuși, să-și ia crucea, și să Mă urmeze".

Așa cum sună zicala aceea veche, harul poate fi fără plată, dar nu este ieftin. L-a costat pe Isus chiar viața Lui. Și ne va costa și pe noi viețile noastre, dacă vrem să Îl urmăm. Invitația poate fi oferită tuturor, dar doar cei ce ascultă chemarea lui Isus – *cei care se leapădă de sine și își iau crucea* – au primit mântuirea.

Iar întrebarea este aceasta: predicăm noi *această* Evanghelie în bisericile noastre? Conține Evanghelia noastră chemarea la ucenicie? Sau tușim cumva cu glas tare atunci când se citește versetul din Marcu 8:34 și îl așezăm acolo cu litere mici, sperând că nimeni nu-l va observa până va semna că L-a primit pe Isus, deasupra acelei linii punctate? Nu cumva scădem costul uceniciei în nădejdea că mai mulți vizitatori vor fi interesați de viața creștină?

O altă întrebare, înrudită cu aceasta, ar fi următoarea: vorbim noi despre dragostea lui Dumnezeu ca fiind „necondiționată"? Dacă da, fără să ne dăm seama, contribuim la problema harului ieftin. Și facem asta pentru că, într-un sens, dragostea lui Dumnezeu nu este total necondiționată. Iată ce spunea David Powlison în această privință: „Deși este adevărat că dragostea lui Dumnezeu nu depinde de ceea ce faci, ci de ceea ce Isus a făcut pentru tine, ea are tocmai din cauza asta niște condiții foarte înalte. Pe Isus L-a costat viața." (*God's Love: Better than Unconditional*, p. 11).

Dacă ratăm să vorbim despre „condiționalitatea" dragostei lui Dumnezeu, le vom servi oamenilor harul ieftin. Adică acel har care nu cere niciun fel de ascultare radicală, ci doar un clătinat somnoros din cap, în semn aprobator; harul care nu poate să scuture omul, doar îl va seda.

Evanghelia nu este condiționată – „dacă Mă asculți, te voi iubi" –, dar nu este nici necondiționată – „te voi iubi indiferent dacă Mă vei asculta sau nu". Evanghelia este contra-condițională – „te iubesc chiar dacă nu M-ai ascultat, și fac asta datorită aceea ce Fiul Meu a făcut". Iar ascultarea Fiului în contul nostru ne stârnește la dragoste și ascultare. Așa cum spunea Domnul Isus, „Dacă Mă iubiți, veți păzi poruncile Mele" (Ioan 14:15).

Temerea mea este că, în dorința noastră evanghelistică de a căpăta din partea oamenilor cât mai multe „decizii", am făcut ca multe dintre acele decizii să nu aibă nicio valoare. Una este să repeți papagalicește o rugăciune, dar cu totul altceva este să te pocăiești și să crezi. Este mult mai ușor să umbli pe un teren nisipos decât să o iei pe calea Calvarului.

Cum putem face ca harul să fie ilustrat „mai scump"?

Așadar, ce ar trebui să facem – dacă ar fi să exprim lucrurile în felul acesta – pentru a face harul să fie mai „scump"?

În primul rând, atunci când predicăm Evanghelia, este ispititor să predicăm doar identitatea și misiunea lui Hristos – „Isus este Fiul lui Dumnezeu și El a murit pentru păcătoși ca tine". Totuși, trebuie să predicăm și chemarea Lui: „Dacă voiește cineva să vină după Mine, *să se lepede de sine însuși, să-și ia crucea*, și să Mă urmeze" (Marcu 8:34).

Nimeni din congregațiile noastre n-ar trebui să aibă vreun semn de întrebare: un își creștin demonstrează credința prin a se lepăda de sine și prin a-și lua crucea. Asta înseamnă că, în felul în care noi predicăm Evanghelia, nu trebuie să uităm de modalitatea în care Isus Însuși a predicat Evanghelia. El i-a chemat pe oameni să se pocăiască *și* să creadă (Marcu 1:15). Cele două sunt inseparabile. Nu trebuie să punem un perete de despărțire între ele în predicarea noastră, ca și cum credința este necesară pentru a-l face pe cineva creștin, dar apoi pocăința ar fi un supliment opțional pentru cei care sunt mai zeloși. Niciuna nu este negociabilă.

În al doilea rând, când oamenii ne întreabă cum pot ști cu adevărat că sunt creștini, haideți să nu-i îndreptăm către rugăciunea aceea pe care au repetat-o cândva, sau către faptul că au ieșit cândva în față la o chemare. Temelia biblică pentru siguranța mântuirii stă în umblarea noastră continuă pe drumul Calvarului, purtând asupra noastră crucea rușinii și aducând roade vrednice de pocăință (Matei 3:8).

Harul ieftin poate fi ușor de „cumpărat". El poate ajuta bisericile noastre să se umple. Cu toate acestea, le vom vedea umplându-se cu oameni care nu sunt ucenici, care nici măcar nu doresc să fie și, de aceea, n-au niciun interes să-i ucenicizeze pe alții. Vom crea astfel o cultură în care ucenicizarea va fi, în esența ei, irelevantă.

PARTEA A DOUA

Voi adăuga aici două motive suplimentare pentru care ucenicizarea este atât de dificil de digerat pentru noi.

1. Bisericile noastre sunt sensibile față de necredincioși, dar insensibile față de credincioși.

În primul rând, bisericile noastre sunt sensibile față de necredincioși, dar lipsite de sensibilitate față de cei din biserică. Nicio biserică nu a făcut mai multe lucruri pentru a cerceta și a dezvolta slujiri orientate către necredincioși precum Willow Creek din Chicago. La început, în urmă cu 30 de ani, ei s-au apucat să modifice slujbele bisericilor lor în mod specific pentru a se adapta celor necredincioși.

În anul 2008 au publicat rezultatele unei analize de 4 ani asupra eficienței lor în a împlini chemarea lui Isus de a face ucenici (Matei 28:19). Concluzia a fost că, după trei decenii, trebuiau să își schimbe focalizarea de pe serviciile orientate către necredincioși pe cele concentrate pe a-i face pe credincioși să crească în credința lor: de la a fi sensibili față de necredincioși la a fi sensibili față de creștini.

Ceea ce Willow Creek a conștientizat, și asta pe drumul cel greu, este că nu putem să slujim la doi stăpâni. Dacă atenția noastră este întotdeauna îndreptată către a încerca să le fim pe plac celor din afara bisericii, nu vom crește ucenici. Dieta noastră, ca biserică, va fi limitată la lapte, iar creșterea noastră va fi împiedicată, pentru că nu vom ajunge niciodată să ne hrănim cu mâncare serioasă.

Autorul Epistolei către Evrei îi mustră pe acei credincioși care nu au progresat dincolo de adevărurile elementare ale Cuvântului lui Dumnezeu:

> „În adevăr, voi, care de mult trebuia să fiți învățători, aveți iarăși trebuință de cineva să vă învețe cele dintâi adevăruri ale cuvintelor lui Dumnezeu, și ați ajuns să aveți nevoie de lapte, nu de hrană tare. Și oricine nu se hrănește decât cu lapte, nu este obișnuit cu cuvântul despre neprihănire, căci este un prunc. Dar hrana tare este pentru oamenii mari, pentru aceia a căror judecată s-a deprins, prin întrebuințare, să deosebească binele și răul" (Evrei 5:12-14)

Ca să nu existe îndoieli, eu nu spun aici că n-ar putea exista loc pentru anumite slujbe ale bisericii care să se concentreze pe cei din afară. Un exemplu este slujba de Crăciun. Dar, dacă acesta este lucrul către care se îndreaptă atenția noastră în general, săptămână de săptămână, creștinii nu vor auzi lucruri mai adânci ale lui Dumnezeu, ucenicizarea lor va rămâne superficială și, ca rezultat, ei vor fi practic incapabili să ucenicizeze pe altcineva.

Nu trebuie să ne temem de faptul că, mutându-ne atenția către slujbe care să fie concentrate pe credincioși, nu le vom mai vorbi necreștinilor. Vom continua, la urma urmei, să predicăm Evanghelia. Iar Evanghelia care îi susține și îi crește pe credincioși este aceeași Evanghelie cu care am început călătoria creștină.

Drept rezultat, noi vom continua să predicăm Evanghelia săptămână de săptămână, la fiecare întâlnire de slujbă și din orice text, și vom face asta spre beneficiul credincioșilor și al necredincioșilor, fără deosebire. Isus a spus că întreaga Scriptură aduce mărturie despre El (Ioan 5:39). Așadar, chiar dacă noi predicăm din cartea Levitic, haideți să predicăm în felul în care Isus a predicat: îndreptând atenția către răscumpărarea care se găsește în El.

Evident, dacă suntem concentrați pe a încerca să îi acomodăm pe necredincioși, există o bună șansă ca niciodată să nu predicăm din Levitic – sau din orice altă parte a Scripturii despre care am putea să credem că ar putea fi dificilă pentru cei necredincioși. Dar acest lucru nu este unul bun. Iată ce ne reamintește Pavel în 2 Timotei 3:16-17: *„Toată* Scriptura este însuflată de Dumnezeu și de folos ca să învețe, să mustre, să îndrepte, să dea înțelepciune în neprihănire, pentru ca omul lui Dumnezeu să fie desăvârșit și cu totul destoinic pentru orice lucrare bună".

Cu alte cuvinte, noi avem nevoie de întreaga Scriptură pentru a face ucenici. Dacă neglijăm anumite părți ale ei pentru că ne îngrijorăm ca nu cumva acele pasaje să-i îndepărteze pe necreștini, calitatea lucrării noastre de ucenicizare va scădea abrupt.

2. Bisericile noastre sunt mai puțin convertite.

În al doilea rând, bisericile noastre sunt mai puțin convertite. Ce vreau să spun cu asta este că bisericile noastre au în componența lor mai puțin creștini, așa că sunt mai puțini oameni capabili să se ucenicizeze reciproc. Nu încape îndoială că motivele pentru care se petrece acest lucru sunt complexe, dar aș vrea să-ți sugerez două dintre acestea.

În primul rând, în trecut exista obiceiul ca, pentru a fi cunoscut ca membru al trupului lui Hristos, trebuia să fii creștin. Aceasta este pretenția Noului Testament.

Acum, însă, în multe biserici – chiar în unele biserici evanghelice mari și bine-cunoscute – poți deveni membru pur și simplu prin a bifa un punct pe cartonașul de bun venit. Nu prea există încercări de a cerceta persoana respectivă din punct de vedere spiritual, pentru a verifica dacă ea sau el este cu adevărat un ucenic al lui Hristos. Cum am putea să ne așteptăm ca oameni care nu sunt ei înșiși ucenici să îi ucenicizeze pe alții?

În al doilea rând, practica disciplinei bisericii s-a pierdut cu totul. Aceasta constituia o practică standard în biserica Noului Testament, sau cel puțin în bisericile nou-testamentare ascultătoare de Dumnezeu. De exemplu, în 1 Corinteni 5, Pavel spune că trebuie să îl excomunicăm pe păcătosul care nu vrea să se pocăiască, așa încât să nu mai fie membru în biserică.

Eșecul nostru de a asculta de porunca lui Pavel de aici aduce cu el moarte spirituală. Acest lucru permite existența unor membri care nu sunt ucenici. Fără îndoială, acești oameni ar putea chiar manifesta semne ale unei împotriviri fățișe față de Hristos, lucru care va aduce o mare ocară Domnului și Evangheliei Lui. Din nou, nu ne putem aștepta ca oamenii care nu sunt ei înșiși ucenici să îi ucenicizeze pe alții.

De ce am neglijat noi aceste două lucruri?

Cred că există mai multe motive, dar iată unul dintre cele mai importante: numerele au devenit atât de importante pentru noi, încât am fi în stare să facem orice pentru a le umfla. Suntem disperați după ideea ca oamenii să se adauge bisericilor noastre, și de asemenea disperați ca ei să rămână printre noi. Astfel, am scăzut costul uceniciei în speranța că oamenii vor fi mai atrași.

Dar ce se petrece când noi abandonăm practicile biblice ale membralității și disciplinei bisericii? Ajungem să avem o cultură a bisericii care devine tot mai lipsită de trăsăturile creștine, iar sarea și lumina nu mai sunt de niciun folos. O cultură a ucenicizării în bisericile noastre este imposibilă când atât de mulți dintre membrii noștri nu sunt ei înșiși ucenici. Mai apoi, influența acestor membri ai bisericii asupra acelor membri care caută în mod *autentic* să umble cu Hristos va fi una distrugătoare.

Dacă ar fi să exprim lucrurile într-un alt mod, împrumutând analogia lui Mark Dever, în trecut se obișnuia ca ușa din față a bisericii să fie protejată cu atenție, în timp ce ușa din spate era larg deschisă. Altfel spus, bisericile erau atente cu privire la persoanele pe care le acceptau ca membri, și îi disciplinau cu promptitudine pe cei care trăiau vieți aflate în vădită contradicție cu pretențiile lor de credință. Totuși, în zilele noastre, noi am ajuns să lăsăm ușa din față larg deschisă, în timp ce am bătut în cuie ușa din spate, pentru ca nu cumva să plece careva dintre noi.

Dacă acesta este felul nostru de a gândi, atunci, din nefericire, putem să ne așteptăm să vedem congregații unde ucenicizarea nu se mai practică.

PARTEA A TREIA

În primele două părți, am prezentat trei motive pentru care creștinii și bisericile nu fac ucenicizare. Având în vedere că, în meseria mea, mă ocup cu dezvoltarea de programe, următorul motiv îmi este mai greu să îl exprim: bisericile noastre sunt dependente de programe.

Iată o pildă din zilele noastre, pe care mi-a spus-o un prieten de la seminarul teologic. Cel care a văzut-o a dat mărturie, iar mărturia lui se poate să fie adevărată.

Un tânăr a intrat într-o librărie creștină din Chicago și a întrebat dacă aveau etichete autocolante. Vânzătorul a spus: „ce fel de autocolante căutați?" Bărbatul nostru a răspuns: „aș vrea să cumpăr un autocolant în formă de pește". Vânzătorul i-a răspuns că nu mai aveau, pentru că le vânduseră pe toate. La aceasta, omul nostru a răspuns confuz: „Cum o să pot să evanghelizez fără autocolante în formă de pește?"

Noi, evanghelicii, am devenit din ce în ce mai dependenți de cursuri, programe, tehnici și metodologii atunci când vine vorba de lucrarea de evanghelizare și ucenicizare.

Așa cum am spus, scriu aceste rânduri ca unul a cărui slujbă este aceea de a gândi programe. Am lucrat cu organizația Christianity Explored Ministries vreme de 13 ani, unde ne-am trudit din greu să facem ca programele noastre să fie credincioase biblic și ușor de folosit. Cred în valoarea lor. Îi sunt recunoscător lui Dumnezeu că astfel de resurse pot fi cu adevărat utile acolo unde ele cad pe mâini bune.

Dar dacă ajung pe mâini nepotrivite? Programele devin un fel de înlocuitor nepotrivit al ucenicizării, ca o îmbrăcăminte pentru toate mărimile. Ce este mai rău e că derularea unor astfel de cursuri poate să ne amăgească să credem că „facem" evanghelizare și ucenicizare, când de fapt, noi nu facem nimic decât altceva decât să parcurgem niște materiale fără rugăciune și fără inimă. Am ajuns să credem că eficiența ține de metodologie. Cumpărăm un produs și ne așteptăm să funcționeze, fără vreo altă investiție spirituală din partea noastră.

În urmă cu aproape cinci ani, acest lucru mi s-a părut ca o deviere anxioasă atunci când a apărut pe radarul meu evanghelic. Lucram din greu de 18 luni să producem un curs nou – să creionăm întrebări de studiu biblic, să scriem și să rescriem discuții, să testăm materialul în diferite locuri, să rescriem anumite părți, să filmăm și să evităm seriile de materiale video pentru a fi inscripționate pe DVD – apoi, în ziua lansării, când toți ne așezasem liniștiți să ne odihnim, a apărut un mesaj în căsuța mea de e-mail. Conținea doar două fraze: „Mulțumim pentru noul curs. Când îl veți lansa pe următorul?"

Dați-mi voie să traduc acest mesaj: „Cum voi fi în stare să ucenicizez fără un alt program?"

Frați și surori, ucenicizarea este posibilă *fără* programe. Isus a scris o carte cu adevărat bună în legătură cu asta.

Un program – oricât de credincios biblic ar fi - nu este în niciun caz un înlocuitor pentru ucenicizarea personală, consecventă, cel puțin nu acel fel de ucenicizare pe care Isus o avea în minte în Matei 28: „Duceți-vă și faceți ucenici din toate neamurile, botezându-i în Numele Tatălui și al Fiului și al Sfântului Duh. Și învățați-i să păzească tot ce v-am poruncit" (v. 19-20).

În primul rând, programele nu sunt în mod necesar o soluție care trebuie să se potrivească oricărei circumstanțe. Oricum ai încerca să le ajustezi, ele se vor adresa unei anumite componente demografice – fie pentru persoanele cu educație, fie pentru analfabeți, fie pentru adulți, fie pentru adolescenți, copii și așa mai departe. Ele nu sunt scrise de tine, de aceea nu pot ajustate perfect situației in care Dumnezeu te-a așezat. O persoană care folosește întotdeauna același set de întrebări de studiu biblic pentru toate persoanele pe care le ucenicizează, probabil că nu face o treabă extraordinară. În mod asemănător, un material video sau un DVD nu poate niciodată să se implice personal în relație cu cineva în felul în care tu poți face acest lucru. El nu poate auzi strigătele specifice ale inimii unei anumite persoane și nu poate să îi vorbească în mod direct și biblic *acelei* inimi.

În al doilea rând, programele pot implica faptul că ucenicizarea este o chestiune care ține de a parcurge „procesul" corect, în loc să dezvolți caracterul biblic.

Nu trebuie demonstrat faptul că, în cazul unui copil, caracterul îi este cel mai profund modelat de cel al părinților lui. În loc să facă ceea ce noi le spunem, copiii au tendința naturală de a face ceea ce noi facem. Prin contrast, tehnicile și programele pot în mod implicit să ofere impresia că ceea ce noi spunem este important, dar că ceea ce facem nu este chiar atât de relevant. Am putea să începem prin a crede că programul pe care îl folosim în biserica noastră este mai important decât caracterul oamenilor pe care îi învățăm.

În al treilea rând, noi folosim uneori programele în același fel în care o familie ar putea să folosească ecranele DVD într-o mașină: ca pe niște părinți surogat. Da, asta poate fi o modalitate extraordinară de a păstra copiii ocupați. Dar ne arată că noi nu ne implicăm în viețile lor atât de mult în timpul călătoriei. Iar acest lucru poate compromite calitatea slujbei noastre de părinți. Poate fi o abandonare a responsabilității noastre față de cei care se află în grija noastră.

Așadar, întrebarea mea este aceasta: Am fost noi prea grăbiți în a chema dădacele în familiile noastre? Am fost noi cumva dispuși să externalizăm ucenicizarea noastră și, procedând astfel, am uitat cum să facem noi înșine această lucrare?

În cel mai bun caz, programele cresc dependenţa noastră de Dumnezeu şi de Cuvântul Lui. Totuşi, în cel mai nefericit caz, programele nu fac altceva decât să crească dependenţa noastră de programe. Dacă se întâmplă asta, lucrarea noastră de ucenicizare va suferi.

PARTEA A PATRA

În primele trei părţi, am sugerat patru motive pentru care noi nu ucenicizăm, în ciuda poruncii lui Hristos.

Cel de-al cincilea şi ultimul motiv pentru care noi nu facem această lucrare a stat clocotind în tot acest timp, şi este următorul: bisericile noastre sunt mult prea adesea ruşinate de Evanghelie şi, ca urmare a acestui fapt, ele pleacă de la prezumţia că, prin orice fac, Evanghelia este predicată de la sine.

Nu demult am fost invitat să predic la o biserică de lângă Londra. Numărul celor care participau la slujbele bisericii scăzuse, aşa că biserica voia să facă tot ce îi stătea în putinţă pentru a atrage mai mulţi tineri. Astfel, ei au adăugat o altă slujbă a bisericii la un moment mai potrivit, aduceau vorbitori invitaţi de peste tot din ţară, cheltuiau bani pe marketing şi plăteau o echipă de închinare care venea de la o depărtare de 100 de mile.

Am intrat apoi într-o discuţie cu un membru deosebit al congregaţiei legat de motivele pentru care aveau o participare atât de slabă la slujbe, preponderent formată din oameni în vârstă. „Poate părea o întrebare delicată", am spus eu, „dar cum merge predicarea Evangheliei?" Răspunsul acelei persoane a venit însoţit de un zâmbet rece. „Păi...", a spus el, „trebuie să le dăm oamenilor ceea ce ei vor".

Acest lucru mi-a adus aminte de cuvintele lui Martin Lloyd-Jones: „Dacă nu putem umple biserica prin predicarea Evangheliei, atunci să rămână goală". De ce? Pentru că o biserică umplută prin metodologii, marketing sau muzică nu este o biserică plină de ucenici.

Este adevărat că aceste lucruri pot să aducă o creştere numerică pe termen scurt. Totuşi, aşa cum scria Mark Dever, „creşterea despre care descoperim că se vorbeşte şi pentru care sunt făcute rugăciuni în Noul Testament nu este doar o creştere numerică. Dacă biserica ta este mai înţesată de oameni decât era în urmă cu câţiva ani, înseamnă asta că este o biserică sănătoasă? Nu în mod necesar" (*Nine Marks of a Healthy Church*, p. 201-202).

„Creşterea" lipsită de predicarea regulată şi credincioasă a Evangheliei este o creştere fără profunzime. Poate fi întinsă cât un ocean, dar îi vei putea măsura adâncimea cu degetul. Dacă dorim deopotrivă lărgime şi adâncime, nu putem înlocui cu nimic predicarea şi conversaţiile saturate în Evanghelie.

O ultimă idee. Există un pericol ca până şi bisericile „centrate în Evanghelie" să ţină Evanghelia atât de aproape de centru, încât în realitate să o ascundă.

Putem să menţionăm în Numele lui Isus, să vorbim despre „Evanghelie" şi chiar să citām Cuvântul lui Dumnezeu. Totuşi, în tot acest timp, este foarte probabil să nu trecem de fapt niciodată la a explica cine este Isus şi ce a făcut El, ca şi implicaţiile acestor realităţi pentru noi. Putem să presupunem fatalmente că am predicat Evanghelia, când de fapt n-am făcut acest lucru.

Sper că este vorba doar despre mine, dar am văzut acest lucru în mod repetat în biserici care se etichetează biblice şi evanghelice. Într-o vacanţă petrecută recent în Ţara Galilor, am avut privilegiul de a mă alătura unui grup de credincioşi care se adunau într-o biserică congregaţională mare şi frumos amenajată. Primirea a fost călduroasă şi aproape apologetică: „Se pare că nu atragem prea mulţi tineri în zilele acestea". Păstorul a vorbit apoi din 1 Timotei 3 despre amăgirea bogăţiei lumeşti. Ceea ce el a spus era bine, dar au rămas foarte multe lucruri nespuse, lucruri esenţiale.

D. A. Carson scria următoarea observaţie pertinentă în cartea sa, intitulată *Basics for Believers*:

> „Într-o bună parte din mişcarea evanghelică occidentală există o tendinţă îngrijorătoare de concentrare pe aspectele periferice. Colegul meu ...Dr. Paul Hiebert... vine dintr-o tradiţie menonită şi analizează moştenirea lui într-o modalitate în care el însuşi ajunge să recunoască faptul că lucrurile au ajuns să fie pur şi simplu caricaturi, dar, paradoxal, nişte caricaturi cu faţă utilă. O generaţie de menoniţi a *crezut Evanghelia* şi că aceasta are anumite implicaţii sociale, economice şi politice. Următoarea generaţie a plecat de la *prezumţia* că Evanghelia este propovăduită de la sine, aşa că s-a concentrat doar pe implicaţii. Cealaltă generaţie

ajuns să *respingă* Evanghelia: „implicațiile" au devenit totul. Odată ce vezi această dinamică a mișcării evanghelice, poți să conștientizezi că mare parte a acesteia se află astăzi în cea de-a doua etapă, iar o altă parte se află pe drumul către cea de-a treia.

Aici nu avem de-a face cu un apel subtil în favoarea unei Evanghelii fără ramificații sociale. Noi recitim cu înțelepciune relatarea trezirilor evanghelice din Anglia și a Marii Treziri din America, ca și despre lucrările extraordinare ale lui Howell Harris, George Whitefield, ale fraților Wesley și ale altora. Ne reamintim pe bună dreptate de faptul că, prin mâna lui Dumnezeu, convertiții lor au condus luptele pentru abolirea sclaviei, pentru reformarea codului penal, au pus bazele sindicatelor, au transformat închisorile și au eliberat copiii din munca forțată în mine. Întreaga societate a fost transformată pentru că oameni convertiți cu adevărat au văzut că viața trebuie trăită înaintea lui Dumnezeu și într-o manieră care să fie plăcută Lui.

Totuși, aproape fără excepție, acești credincioși au pus Evanghelia pe primul loc. Ei și-au găsit încântarea în ea, au predicat-o, au îndrăgit citirea Bibliei și predicile expozitive care erau concentrate pe Hristos și pe Evanghelie, apoi, pe această temelie, au trecut mai departe abordând probleme de pe agenda socială. Pe scurt, ei au pus Evanghelia pe primul loc, fiind prioritară în aspirațiile lor. *Dacă nu vedem această prioritate în vremurile noastre, înseamnă că nu ne aflăm decât la o generație depărtare de respingerea Evangheliei.* (26-28, subl.)"

Dacă observația lui Carson este adevărată, nu doar că avem o responsabilitate față de congregațiile de azi, ci avem o responsabilitate și față de congregațiile viitoare.

În secolul al 19-lea, predicatorul Charles Spurgeon a identificat o problemă asemănătoare:

> „Cred că acele predici care sunt cel mai bogate în Hristos sunt probabil cele mai binecuvântate instrumente spre convertirea ascultătorilor. Fă așa încât predicile tale să fie pline de Hristos, să fie de la un capăt până la altul înțesate de Evanghelie. În ceea ce mă privește, fraților, nu pot predica nimic altceva decât pe Hristos și Crucea Lui, căci nu știu nimic altceva și, cu mult timp în urmă, asemenea apostolului Pavel, am hotărât să nu cunosc nimic altceva decât pe Isus Hristos și pe El răstignit.
>
> Oamenii m-au întrebat adesea, „care este secretul succesului tău?" Eu le răspund mereu că n-am niciun alt secret decât acesta - anume că am predicat Evanghelia - nu *despre* Evanghelie, ci *Evanghelia*..." (*The Soul Winner*, 35, subl.)

Frați și surori, atunci când îi ucenicizăm pe alții – fie de la amvon, fie în conversațiile și relațiile de zi cu zi - oare nu cumva presupunem că Evanghelia este predicată de la sine? Vorbim noi despre Evanghelie, fără a o explica în realitate? Ne rușinăm cumva de ea, cel puțin la nivel funcțional?

Ucenicizarea aceea lată și adâncă după care tânjim în bisericile noastre va avea loc doar atunci când ne oprim din a presupune că Evanghelia este predicată de la sine și, în schimb, începem să o propovăduim cu adevărat.

DESPRE AUTOR:

Barry Cooper a studiat limba engleză la Oxford University și teologia la Trinity Evangelical Divinity School. El este membru în Trinity West Church în Londra. Îl puteți găsi pe Twitter la adresa @barrygcooper.

RUGĂCIUNEA ÎN RELAȚIILE DE UCENICIZARE DINTRE SURORI

Carrie Russell

„O să mă rog pentru tine!"

Adesea le spunem prietenilor noștri această frază, dar oare cât des ne ținem de promisiunea de a ne ruga pentru ei? Atunci când mă gândesc la relațiile cu celelalte persoane din biserică, tânjesc să fiu o soră în Hristos care este dedicată rugăciunii. Dacă definim ucenicizarea prin „a face în mod intenționat un bine spiritual cuiva, așa încât el sau ea să fie mai asemănător lui Hristos", atunci cu siguranță că rugăciunea joacă un rol critic în relațiile noastre de ucenicizare. Așadar, când influențăm și ucenicizăm femei, ar trebui să fim înțelepți în ce privește felul în care să includem rugăciunea în interacțiunile noastre zilnice.

DEDICĂ-TE RUGĂCIUNII ÎN RELAȚIILE TALE DE UCENICIZARE

Ce anume face diferența în relațiile noastre creștine de celelalte prietenii? Am o mulțime de prietene necreștine care „se gândesc la mine" sau care „îmi trimit gânduri bune", dar cele mai prețioase prietene sunt acelea despre care știu că sunt dedicate rugăciunii pentru mine. Eu însumi tânjesc să fiu acel fel de prietenă în propriile mele relații de ucenicizare din cadrul bisericii.

În legământul bisericii noastre, fiecare membru se angajează „să umble împreună în dragoste creștină, manifestând o grijă iubitoare față de celălalt și o veghere unul asupra altuia... rugându-ne unul pentru celălalt". Asta înseamnă că, înaintea Domnului, este datoria noastră să ne rugăm unul pentru altul, în special pentru cei pe care îi ucenicizăm.

Părtășia creștină nu înseamnă pur și simplu să ne întâlnim cu alți creștini, și cu siguranță nu doar să vorbim și să ascultăm. Când îi ucenicizăm pe alții, avem privilegiul de a-i ajuta să Îl urmeze pe Isus, iar două instrumente critice în această lucrare sunt Cuvântul lui Dumnezeu și rugăciunea. Fără această pereche puternică, nu sunt nimic altceva decât o ureche care ascultă, iar influența spirituală pe care o pot căpăta va fi minimă, dacă nu chiar absentă. În fapt, am plecat de la multe întâlniri întrebându-mă dacă a fost util vreun lucru pe care l-am spus. Totuși, n-am pus niciodată sub semnul întrebării utilitatea când întâlnirea noastră a implicat rugăciunea și studiul Scripturilor. Cuvintele și sfaturile mele pot fi uneori insuficiente, dar apropierea de tronul lui Dumnezeu în rugăciune pentru o altă persoană va fi întotdeauna un succes.

ROAGĂ-TE BIBLIA

Atunci când ne rugăm Cuvântul lui Dumnezeu, această practică devine un instrument puternic în lupta noastră pentru a fi mai sfinți.

Când inimile noastre sunt înclinate să rătăcească și când suntem ispitiți să ne lăsăm conduși de sentimentele și emoțiile noastre, este un adevărat dar să ai pe cineva, o soră de credință, care dorește să se roage Scriptura alături de tine.

Au existat nenumărate situații când n-am știut exact cum să mă rog pentru cineva, dar, din fericire, Scriptura este suficientă. Uneori, cea mai bună modalitate de a începe acest lucru este să strigi la Dumnezeu: *„nu știm ce să facem, dar ochii noștri sunt îndreptați spre Tine!"* (2 Cron. 20:12)

ASPECTE IMPORTANTE ȘI UTILE

Atunci când ne rugăm mult pentru surorile în Hristos, ne gândim la câteva aspecte utile precum:

1. Să ne rugăm atributele lui Dumnezeu.

Este bine să ne amintim reciproc cum este Dumnezeu. Este bine să Îl lăudăm pentru că este suveran, neschimbător, sfânt, atotcunoscător etc.

2. Să ne rugăm promisiunile Evangheliei.

Amintiți-vă de darul prețios al mântuirii pe care Dumnezeu ni l-a dat prin Hristos. Noi avem o moștenire nestricăcioasă păstrată în ceruri pentru noi, iar Dumnezeu nu-Și mai amintește de nelegiuirile noastre. El ne-a dat tot ceea ce noi avem nevoie pentru viață și evlavie.

3. Atunci când ne rugăm, este bine să ne amintim ce anume ne-a chemat Dumnezeu să fim noi, în Hristos.

Noi suntem înclinați să uităm faptul că suntem copiii lui Dumnezeu, aleși, răscumpărați și iertați.

4. Să ne rugăm pasaje specifice pentru persoane specifice.

Deschide acea concordanță biblică și lasă ca să vorbească Dumnezeu prin Cuvântul Lui viu și lucrător! Epistolele constituie un loc deosebit către care să ne îndreptăm când ne rugăm unii pentru alții.

Atunci când îi ucenicizăm pe alții, am putea să ne aflăm în situația în care să chemăm pe cineva să se întoarcă de la păcat, dar o zdrobire mai mare vine atunci când ne rugăm împreună versetele din Coloseni 3. Aș putea să îi ofer niște cuvinte de mângâiere cuiva care se luptă cu anxietatea, dar dacă ne rugăm pasaje precum 1 Petru 5:6-7, de regulă acest lucru aduce mai multă mângâiere. Când o prietenă pune sub semnul întrebării faptul că Dumnezeu are un plan bun pentru viața ei, Romani 8 îi aduce înainte o perspectivă prețioasă.

Atunci când ne rugăm rugăciuni de laudă și mulțumire, când apelăm la Dumnezeu pentru grija și îndurarea Lui, umplând cuvintele noastre cu promisiuni ale Scripturii, acest lucru zidește inimile noastre în adevăr și ne atrage la o credință mai profundă în Hristos.

RUGAȚI-VĂ PENTRU UNITATE ȘI DRAGOSTE

Nu este nicio surpriză că noi creștem în dragoste creștină pentru cei pentru care ne rugăm. Chiar și în cele mai apropiate comunități creștine, putem să ne regăsim comparându-ne și invidiindu-i pe alții. Este ușor să mergi în biserică, privind în jurul tău la celelalte femei, și să crezi minciunile pe care ni le spunem propriilor persoane – viețile lor trebuie să fie lipsite de lupte, căsătoriile și familiile lor trebuie să fie perfecte, și cu siguranță că nimeni nu m-ar înțelege pe mine.

Totuși, când îi ucenicizăm pe alții și suntem ucenicizați la rândul nostru, ni se reamintește de faptul că nu suntem singurii care se luptă cu temerea și anxietatea, nu suntem singurii care devin nerăbdători cu copiii lor și care se îndoiesc câteodată de bunătatea lui Dumnezeu.

Când investim în viețile celorlalți membri ai bisericii și ne angajăm să ne rugăm pentru ei, făcând acest lucru în mod practic, vom crește în unitate. Rugăciunea zdrobește zidurile nesiguranței și ale temerii, și ne permite să strângem rândurile alături de ceilalți creștini, mergând împreună pe acel drum pe care ne străduim, cot la cot, să Îl urmăm pe Isus.

În urmă cu câțiva ani, o femeie pe care tocmai o întâlnisem mi-a povestit de o situație în care ea se lupta să-și pună încredere în planul lui Dumnezeu pentru ea. Disponibilitatea de a-mi spune deschis despre situația ei pentru a mă ruga pentru ea, ca și rugăciunea pentru ea m-au determinat să o iubesc, chiar dacă n-o cunoșteam cu adevărat atât de bine!

Chiar dacă este adevărat că, de regulă, te rogi pentru cei pe care îi iubești, este la fel de adevărat că vei crește în dragoste față de cei pentru care te rogi.

ROAGĂ-TE ȘI ATUNCI CÂND NU ESTE CONVENABIL

Rugăciunea nu trebuie să fie lungă și nici planificată perfect. Poți fi înconjurată de un mediu zgomotos, întreruptă, având copiii peste tot în jurul tău. Nu voi uita niciodată întâlnirea cu o soră care mi-a fost mentor în urmă cu mai mulți ani, când nu aveam niciun copil, iar ea avea trei. Tocmai ce începusem să vorbim și să discutăm despre viețile noastre. La un anumit moment, când am ajuns acasă la ea, a tras mașina pe dreapta și a spus „hai să ne rugăm aici, în mașină, pentru că în casă am putea fi deranjate".

Când am început să ne rugăm, o minge de baschet s-a lovit de fereastra ei. Atunci, ea a coborât fereastra și l-a informat pe copil: „acum ne rugăm, dar voi încheia într-un minut". După care închis din nou fereastra, și ne-am încheiat în scurt timp rugăciunea.

Exemplul ei m-a izbit. Eu îmi imaginasem adesea, în mod greșit, că ucenicizarea trebuie neapărat să se facă cu Bibliile deschise și cu o grămadă de timp dedicat rugăciunii. Totuși, nu aceasta este realitatea în care trăiesc oamenii.

Iată câteva sugestii practice pentru încorporarea rugăciunii în relațiile tale de ucenicizare:

- Rugați-vă în timp ce vă plimbați.
- Rugați-vă în mașină, după un prânz sau o cafea luate împreună.
- Rugați-vă chiar la telefon, sau pe drumul către casă.
- Asigurați-vă că puneți întrebări cu privire la motivele relevante de rugăciune de peste săptămână.
- Fiți suficient de vulnerabile pentru a cere motive de rugăciune și pentru a le oferi pe cele proprii.
- Trimite-le un mesaj prietenelor tale atunci când te rogi pentru ele, informându-le de acest lucru.

RUGAȚI-VĂ, PUR ȘI SIMPLU.

Eu plec adesea de la întâlnirile mele cu surorile în Hristos dorindu-mi să mă fi rugat cu sau pentru ele. Rugăciunea nu este întotdeauna un lucru ușor, și nu este întotdeauna convenabil sau practic. Totuși, ea este întotdeauna un lucru bun, și noi vom fi mereu binecuvântați dacă ne rugăm.

Așadar, când ne întâlnim împreună, ca surori, împărtășind lucruri despre căsniciile noastre, despre slujba noastră de părinți sau despre luptele noastre spirituale, haideți să ne dedicăm rugăciunii unele pentru altele. Haideți să plecăm de la momentele noastre petrecute împreună având satisfacția că am făcut reciproc, una față de alta, un bine spiritual intenționat.

DESPRE AUTOR:

Carrie Russell locuiește în Charlotte, North Carolina alături de soțul ei, Dave, și de cei patru copii ai lor. Carrie este membră în Oakhurst Baptist Church, unde Dave slujește ca păstor.

AR TREBUI CA BISERICILE SĂ VADĂ UCENICIZAREA ÎN PRIMUL RÂND CA PE UN 'PROGRAM' SAU CA PE 'UN STIL DE VIAȚĂ'?

Biserica nu ar trebui să vadă ucenicizarea în primul rând ca pe un eveniment special sau ca pe un program bine lustruit. Ucenicizarea nu este un lucru ocazional sau special, ceva care să fie băgat la cutie pentru restul vieților noastre creștine. A fi creștin înseamnă să fii un ucenic al lui Hristos. Iar a fi un ucenic al lui Hristos *înseamnă*:

(i) Să cauți ajutorul altora în dorința ta de a deveni tot mai asemănător lui Hristos (să fii un ucenic);

(ii) Să cauți să îi ajuți pe ceilalți să fie tot mai asemănători lui Hristos (să ucenicizezi).

De aceea, bisericile ar trebui să vadă ucenicizarea ca pe un stil de viață. Ea ar trebui să constituie o parte obișnuită a vieții de creștin și a calității de membru al bisericii. Este ceea ce face un ucenic al lui Hristos.

Asta înseamnă că bisericile pot sau nu să folosească programe pentru a promova ucenicizarea. Totuși, în esență, ele vor dori să promoveze o **cultură a ucenicizării.** Ar trebui să fie normal ca cei ce sunt creștini mai de curând să discute chestiuni spirituale cu alți creștini în jurul unei mese. Ar trebui să fie normal ca aceștia să petreacă timp în casele creștinilor mai maturi pentru a-i vedea aplicând credința lor în orice domeniu al vieții, chiar până acolo încât să-i vadă cum își duc copiii la culcare. Prin harul lui Dumnezeu, o biserică ce hrănește o cultură a ucenicizării va fi plină de membri care caută tot mai mult să fie asemenea Domnului Isus (1 Cor. 11:1).

CUM SĂ SELECTEZI ȘI SĂ PLANIFICI RELAȚII DE UCENICIZARE

Greg Spraul

În fiecare zi, eu încerc să mă întâlnesc cu cineva pentru unul dintre următoarele motive: (1) să îl ucenicizez (majoritatea întâlnirilor), (2) să fiu ucenicizat, sau (3) să evanghelizez. Acest lucru se petrece fie înainte de muncă, fie în timpul pauzei de prânz. Obiectivul meu este să am o întâlnire pe zi. Dacă am o fereastră de timp disponibilă, voi încerca să o umplu cu cineva cu care nu m-am întâlnit pentru o vreme, ori cu o persoană nouă. Dacă mă întâlnesc cu o persoană nouă, se poate să continui să mă întâlnesc cu acea persoană pe termen lung, ori ar putea să fie – cum este în majoritatea cazurilor – o singură întâlnire. Dacă este vorba de o întâlnire de acest fel cu un membru nou al bisericii, vreau să mă asigur că acel membru este conectat la viața bisericii, și dacă nu, îi voi face câteva sugestii legate de felul în care poate face acest lucru.

Îmi organizez destul de liber întâlnirile, și adesea le anulez sau le reprogramez datorită unor obligații cu prioritate mai mare din familie sau de la locul de muncă.

Sunt binecuvântat să am parte de o slujbă flexibilă și de un șef care mă susține în aceste străduințe. Șeful meu știe că eu mă întâlnesc cu oameni înainte de serviciu și la prânz, și nu se opune în niciun fel acestui lucru, atâta vreme cât îmi fac treaba și dacă pot fi găsit și răspund repede. Asigură-te de faptul că șeful tău te susține, cunoscând ceea ce faci. Eu folosesc calendarul Google pe telefonul meu iPhone pentru a programa întâlnirile și încerc întotdeauna să-mi programez următoarea întâlnire cu un frate după ce s-a consumat întâlnirea curentă.

În această perioadă, mă întâlnesc cu fiecare persoană aproximativ o dată pe lună, și uneori mai frecvent de atâta. Există unele circumstanțe când întâlnirile sunt ad-hoc, având loc la inițiativa persoanelor în cauză.

Mă întâlnesc în locuri unde nu sunt nevoit să cumpăr ceva sau unde pot cumpăra lucruri mărunte. În majoritatea cazurilor, ne întâlnim la restaurante sau în locuri unde putem mânca ceva repede. Poți să cheltui o mulțime de bani pe hrana de care în realitate nu ai nevoie. De aceea, eu îmi aduc cafeaua și prânzul. Mi-ar plăcea să le ofer prânzul celor cu care mă întâlnesc, dar le las acest privilegiu celor care își permit.

Am o varietate de scopuri în munca mea de ucenicizare, și ucenicizez bărbați care se află în diferite stadii de maturitate. Unele dintre subiectele specifice pe care le discut cu bărbații sunt legate de masculinitate, precum pornografie și masturbare, provocări dificile din familie sau cum să învățăm să citim și să înțelegem mai bine Biblia. Unii sunt creștini foarte de curând, în timp ce alții sunt destul de maturi. Uneori, citim împreună o carte. Alteori trecem printr-o listă de întrebări pe care acele persoane le aduc. Câteodată, analizăm învățătura pe care am auzit-o duminica trecută sau ne uităm la un pasaj biblic. Eu încep să îmi prioritizez întâlnirile cu cei mai maturi așa încât să existe un efect de tip domino, astfel că bărbații mai maturi încep să îi ucenicizeze la rândul lor pe alții.

Încerc de asemenea să minimizez lucrarea de pregătire pe care trebuie să o fac. De aceea, citesc cărți pe care deja le cunosc sau folosesc pasaje ale Scripturii pe care eu însumi le-am studiat deja. Iată o listă a unora dintre cărțile pe care le folosesc adesea: *Knowing God, When People Are Big and God Is Small, The Masculine Mandate, A Call to Spiritual Reformation, God's Big Picture.* Dacă există o carte nouă pe care vreau să o citesc, încerc să o citesc alături de altcineva.

Folosind un document Google, încerc să păstrez o evidență a persoanelor cu care mă întâlnesc, cât de des și care a fost scopul întâlnirilor noastre. De asemenea, păstrez o evidență a acelor cu care obișnuiam să mă întâlnesc sau a altor membri în viața cărora sunt implicat mai rar. Fac aceasta din două motive: (1) ea acționează ca o listă de rugăciune deosebită de care mă pot folosi în timpul meu de rugăciune de dimineața, și (2) mă ajută să păstrez o evidență a ceea ce fac, așa încât să nu pierd legătura cu oamenii și să mă asigur că îmi folosesc timpul în mod strategic. De exemplu, dacă mă uit la lista mea și văd pe ea o mulțime de frați care sunt la fel ca mine, aș putea să ajustez în mod intenționat acea listă.

Uneori acest lucru funcționează foarte bine, alteori nu prea. Cu unii dintre cei cu care mă întâlnesc lucrurile merg repede, cu alții, procesul este mai lent. Uneori continuăm să ne întâlnim pentru că pare benefic, chiar dacă nivelul comunicării lasă încă de dorit. Alteori, decidem să ne oprim, pentru că vedem că nu este o potrivire foarte bună.

Unii dintre cei cu care mă întâlnesc cresc, alții stagnează. Dacă vreuna dintre persoanele cu care mă întâlnesc stagnează prea mult timp, cel mai probabil mă voi opri din acele întâlniri cu el, și probabil îi voi sugera să se întărească cu altcineva. Nu este o folosire bună a timpului atunci când investești în cineva care nu este interesat să crească sau să primească sfaturi din Cuvânt.

Încerc să păstrez un nivel de flexibilitate în toate relațiile. Uneori sunt instrumentul în mâinile Răscumpărătorului pe care Dumnezeu intenționează să îl folosească, dar alteori lucrurile nu stau așa. Nu eu sunt Mesia, nici Isus, și eu vreau ca Isus să fie prioritatea numărul unu pentru persoana pe care o ucenicizez, nu eu și nici altcineva. Adeseori, acest lucru înseamnă că trebuie să îi las pe unii să meargă pe drumul lor. Acest lucru poate fi dificil, dar trebuie să îmi reamintesc constant că totul are de-a face cu creșterea lor spirituală, nu că eu aș putea fi folosit în acest proces.

Nu trebuie să mă întâlnesc întotdeauna fizic cu cealaltă persoană. Eu obișnuiesc să le dau o mulțime de telefoane acelora care nu lucrează în centrul orașului, și foarte adesea aceste apeluri telefonice sunt mai ușor de planificat și destul de utile.

Ocazional, le trimit mesaje pe e-mail persoanelor respective, conținând un citat încurajator, o meditație asupra unui text din Scriptură sau un articol bun pe care l-am găsit. Aceste mesaje sunt trimise de cele mai multe ori ad-hoc. Câteodată, ele sunt destul de personale, însă uneori pot să le trimit unui grup de persoane. Obișnuiesc să păstrez o serie de documente cu fragmente ale Scripturii care tratează diferite teme. Pot să accesez aceste documente de pe telefonul meu, și apelez la ele în mod regulat pentru a mă asigura că aduc în discuție Biblia, nu doar gândurile mele, atunci când tratez problemele acelui bărbat. De aceea, am fișiere document cu versete ale Scripturii pe teme precum: pofta, lucrarea de prezbiter, suficiența Scripturii, atracția de același sex, probleme legate de etnie, și chiar frumusețe (pentru soția mea și fiicele mele).

DESPRE AUTOR:

Greg Spraul locuiește în zona D.C. și lucrează la U.S. Environmental Protection Agency (EPA), unde se ocupă de problemele de poluare a apelor. De asemenea, el este prezbiter la Capitol Hill Baptist Church.

Nota editorului: un prezbiter nou l-a întrebat recent pe unul mai experimentat din biserica lui cum să își găsească timp pentru ucenicizarea bărbaților mai tineri în credință și pentru evanghelizare. La urma urmei, el are o slujbă intensă în Washington DC, o familie plină de copii, are mult de călătorit, și toate celelalte îndatoriri care se alătură calității de prezbiter voluntar în biserică. Cu siguranță că îi rămâne puțin timp pentru implicare și evanghelizare, nu-i așa? Iată răspunsul prezbiterului, majoritatea acestuia concluzionând că el a învățat de asemenea din a-i întreba și a-i vedea pe ceilalți prezbiteri cum acționează.

NOUĂ FACTORI DE LUAT ÎN CONSIDERARE CÂND ALEGI PE CINEVA CA UCENIC

Mark Dever

„Imaginează-ți doi membri de biserică. Hai să-i numim Bob și Bill. Bob este un studios al Bibliei. Lui îi place să știe ce spune Biblia despre orice lucru. El poate chiar să-ți explice doctrina Trinității, dacă i-ai cere asta. Unele dintre acțiunile sale pot să nu arate că este creștin. În fapt, viața lui pare prea puțin creștină. Dar el își cunoaște Biblia!

Apoi este Bill. Bill nu face mare tam-tam de faptul că nu-și citește Biblia prea mult. Cu siguranță că el vrea să fie „bun". El încearcă să-i iubească pe ceilalți. Dar Bill ar găsi foarte dificil să formuleze o explicație biblică precisă asupra a cine este Isus sau ce este Biserica. Și nici nu s-ar descurca atât de bine la definirea atentă a problemelor etice. Dar el vrea să trăiască o viață diferită de cea egoistă, concentrată pe sine, pe care o vede în alții. Îi place să se gândească la sine ca la un tip sociabil mai degrabă decât a fi un tip doctrinar sau un om al Bibliei.

Care dintre acești indivizi se aseamănă mai mult cu tine?

Lui Bob ar trebui să-i pese mai mult de oameni, pe când lui Bill ar trebui să-i pese mai mult de adevăr. În realitate, ambilor ar trebui să le pese mai mult de Isus, pentru că Isus iubește adevărurile Cuvântului lui Dumnezeu și viețile copiilor lui Dumnezeu.

Lucrarea de ucenicizare a unei biserici ar trebui să ajute ambele categorii de oameni să-L urmeze mai bine pe Isus. El a spus că oricine vrea „să vină după Mine, să se lepede de sine însuși, să-și ia crucea, și să Mă urmeze" (Marcu 8:34). Bob are nevoie să se lepede de sine și să-L urmeze pe Isus prin a-i iubi mai mult pe oameni. Bill trebuie să facă acest lucru prin a iubi mai mult Cuvântul lui Dumnezeu. Un ucenic nu este cineva care doar pretinde că Îl urmează pe Hristos. El chiar trebuie să Îl urmeze cu adevărat.

Acesta este locul în care trebuie să înceapă orice discuție despre ucenicizare – cu reamintirea a ceea ce înseamnă să Îl urmăm pe Isus. Ucenicizarea însemnă să-i ajutăm pe alții să Îl urmeze pe Isus. Ucenicizarea este o relație prin care noi căutăm să facem bine spiritual în folosul cuiva, prin inițiere, învățare, corectare, oferirea noastră drept modele, prin dragoste, prin smerirea de sine, prin consiliere și influențare.

Cum să ucenicizăm atunci? Cum îl ajutăm mai exact pe Bob să se preocupe mai mult de trăirea credinței sale, iar pe Bill să capete o grijă mai mare cu privire la înțelegerea credinței lui? Aceasta este întrebarea la care ne vom uita în capitolul de față și în următoarele capitole.

Aceasta nu este o întrebare doar pentru păstori. Biblia cere acest fel de lucrare de la noi toți. Ioan ne spune să ne iubim unul pe celălalt (2 Ioan 5). Pavel ne îndeamnă să ne încurajăm unii pe ceilalți și să ne zidim reciproc (1 Tes. 5:11). El ne spune în același timp să ne învățăm unul pe altul, întrucât vrem să ne înfățișăm cu toții maturi în Hristos (Col. 1:28). Autorul Epistolei către Evrei ne spune să luăm seama la felul în care ne încurajăm reciproc la dragoste și fapte bune (Evrei 10:24).

Primul aspect asupra căruia va trebui să te decizi este cu cine să petreci timpul în ucenicizare. Nu ai foarte mult timp la dispoziție în decursul săptămânii. Nu poți uceniciza întreaga biserică. Cum te decizi în cine să investeşti? Trebuie să alegi.

Cu Biblia în mână, cum ne hotărâm în cine să investim? Iată nouă factori pe care îi poţi lua în considerare, probabil în această ordine.

1. MEMBRUL DE FAMILIE

Pavel scria: „Dacă nu poartă cineva grijă de ai lui, şi mai ales de cei din casa lui, s-a lepădat de credinţă, şi este mai rău decât un necredincios" (1 Tim. 5:8).

Biblia arată în acest pasaj, şi în altele asemănătoare lui, că fiecare dintre noi avem o responsabilitate specială faţă de membrii familiilor noastre. În familie, Dumnezeu oferă relaţiile pe termen lung şi terenul natural pentru afecţiune şi grijă. Iar aceste sentimente şi responsabilităţi naturale ar trebui folosite către scopuri creştine. Asta se aplică în mod special în cazul în care trăieşti cu membrii familiei. Este chiar situaţia *mai* potrivită, dacă Scriptura îţi dă responsabilităţi speciale pentru ei, ca în cazul părinţilor faţă de copiii lor sau a celor doi soţi, unul faţă de celălalt. Aceste relaţii constituie cea mai importantă responsabilitate de ucenicizare pe care o ai.

2. STAREA SPIRITUALĂ

Ar trebui să îţi evanghelizezi prietenii necreştini, dar este fără sens să-i ucenicizezi, ca şi cum ei ar fi nişte creştini. Pavel ne spune că: „omul firesc nu primeşte lucrurile Duhului lui Dumnezeu, căci, pentru el, sunt o nebunie; şi nici nu le poate înţelege, pentru că trebuie judecate duhovniceşte" (1 Cor. 2:14). Vei dori să ucenicizezi un creştin.

3. MEMBRALITATEA ÎN BISERICĂ

În capitolul 6, am analizat următoarele responsabilităţi din Epistola către Evrei:

„Aduceţi-vă aminte de mai marii voştri, care v-au vestit Cuvântul lui Dumnezeu; uitaţi-vă cu băgare de seamă la sfârşitul felului lor de vieţuire, şi urmaţi-le credinţa!... Ascultaţi de mai marii voştri, şi fiţi-le supuşi, căci ei veghează asupra sufletelor voastre, ca unii care au să dea socoteală de ele; pentru ca să poată face lucrul acesta cu bucurie, nu suspinând, căci aşa ceva nu v-ar fi de niciun folos" (Evrei 13:7, 17).

Cu siguranţă că aceste versete ne cheamă să luăm aminte în mod particular la liderii bisericilor noastre. Totuşi, o implicaţie imediată constă în faptul că modalităţile obişnuite de ucenicizare lucrează cel mai bine în contextul relaţional al bisericii, după cum am arătat în capitolele anterioare.

Noi avem o responsabilitate mai mare faţă de propria noastră congregaţie – să-i ajutăm şi să fim ajutaţi de ei. Membrii aceleiaşi biserici urmează şi se supun aceluiaşi grup de prezbiteri. Ei afirmă aceeaşi mărturisire de credinţă şi acelaşi legământ al bisericii. Ei experimentează aceeaşi învăţătură în aspectele primare şi în cele secundare. Ei se întâlnesc unii cu alţii cel puţin săptămânal. Din toate aceste motive, este normal să construieşti relaţii de ucenicizare în contextul bisericii locale.

Mai mult, dacă un prieten participă la o biserică nesănătoasă, i-ai putea produce mai mult rău vieţii spirituale, prin a-l uceniciza. Cum oare? Ironic, susţinerea ta spirituală îl face capabil să rămână într-o biserică ce nu predică Biblia. Nu este o regulă absolută, dar poate fi mai bine să-l încurajezi pe prietenul tău să se alăture unei biserici sănătoase. Creştinii au nevoie de întreg trupul, nu doar de tine.

4. SEXUL

Scriptura ţine cont de aspectele de sex în ucenicizare. De exemplu, Pavel îi spune lui Tit: „Spune că femeile în vârstă ... să înveţe pe alţii ce este bine, ca să înveţe pe femeile mai tinere să-şi iubească bărbaţii şi copiii; să fie cumpătate, cu viaţa curată, să-şi vadă de treburile casei, să fie bune, supuse bărbaţilor lor, pentru ca să nu se vorbească de rău Cuvântul lui Dumnezeu" (Tit 2:3-5).

În adunările publice, eu le predic deopotrivă bărbaţilor şi femeilor. În plus, toţi avem un tată şi o mamă, iar unii avem surori şi fraţi sau soţ ori soţie. Prin aceasta vreau să spun că ucenicizarea sexului opus este pusă acolo, în interiorul familiilor noastre. Iar în biserică, noi facem legământ împreună, bărbaţi şi femei, şi tot acolo avem prieteni de familie.

Totuşi, atunci când ajungem la o relaţie de ucenicizare normală şi intenţională, este înţelept ca bărbaţii să ucenicizeze bărbaţi şi femeile să ucenicizeze femei. Noi recunoaştem faptul că sexul este o realitate dată de Dumnezeu şi vrem să tratăm acest aspect cu realism şi respect. Trebuie să îi iubim pe toţi membrii din biserică, dar în acelaşi timp să ne străduim să evităm intimităţile greşite.

5. VÂRSTA

La fel cum Scriptura este atentă cu privire la aspectele ce țin de sex, tot așa ea ține cont și de vârstă. În pasajul menționat mai devreme din Epistola către Tit, femeile mai tinere învață de la cele mai în vârstă. În altă parte, Pavel îi spune lui Timotei să nu permită ca tinerețea lui să fie disprețuită, și totuși în aceeași epistolă el îl încurajează pe Timotei să îi respecte pe bărbații mai în vârstă (1 Tim. 4:12; 5:1).

În mod normal, vei dori să îl ucenicizezi pe cineva mai tânăr decât tine. Chiar dacă am spus acest lucru, vedem că Scriptura este plină de exemple excepționale ale unor tineri care îi învață pe cei mai în vârstă. Și, pe măsură ce avansăm în vârstă, noi avansăm și în smerenia de a învăța de la cei care sunt de vârsta noastră și chiar de la cei mai tineri decât noi. Altfel n-am mai avea niciun fel de învățători! Personal, am descoperit că învăț de la prieteni care se află în a treia și a patra decadă a vieții la fel de bine cum învăț de la cei din a opta și a noua.

6. CEI DIFERIȚI DE TINE

Există puține lucruri care ilustrează vizibil puterea Evangheliei mai bine ca unitatea dintre membrii bisericii, altfel oameni împărțiți în diverse categorii ale acestei lumi. Cartea Efeseni observă că „prin El (Hristos) și unii și alții (și Evreii, și Neamurile) avem intrare la Tatăl, într-un Duh" (Efes. 2:18). Zidul de despărțire dintre Evrei și Neamuri a căzut la cruce.

Acum, înțelepciunea lui Dumnezeu este manifestată prin unitatea acestor popoare, anterior divizate. Și evident că unitatea pe care biserica o experimentează acum, dincolo de barierele etnice, economice, de educație și de orice alt fel, anticipează acea zi când va exista „o mare gloată, pe care nu putea s-o numere nimeni, din orice neam, din orice seminție, din orice norod și de orice limbă" (Apoc. 7:9-10), stând în unitate perfectă în închinare, înaintea tronului lui Dumnezeu.

Ce înseamnă acest lucru din punct de vedere practic?

Atunci când cauți pe cineva pe care să-l ucenicizezi, mamele aflate în floarea vârstei ar trebui să se împrietenească prin orice mijloace unele cu altele, cuplurile proaspăt căsătorite ar trebui să petreacă timp împreună, iar bărbații necăsătoriți ar trebui să se întâlnească unii cu alții. Astfel de grupuri de credincioși au lucruri în comun, pe care Dumnezeu le poate folosi pentru creșterea lor.

Dar trebuie în același timp să iei în considerare faptul că poți învăța o mulțime de lucruri prin a petrece timp cu studenții de facultate, prin a lucra cu copiii și tinerii, prin a-i ajuta pe străinii ce vin în țara ta din Anglia, Brazilia și Coreea sau, dacă ești un proaspăt soț din Europa, să te întâlnești cu un soț mai în vârstă care provine dintr-o familie afroamericană.

Și cât de multe lucruri nu are Dumnezeu să ne învețe despre Sine de la oameni care sunt diferiți de noi! Cât de frumos este ilustrată Evanghelia în unitatea noastră – nu doar unitatea celor care avem aceleași preocupări, ci și unitatea care survine din faptul că învățăm unii de la alții!

7. DISPONIBILITATEA LA ÎNVĂȚARE

În mod repetat, cartea Proverbe îl laudă pe fiul care se lasă învățat și îl repudiază pe nebunul care batjocorește mustrarea, învățătura și sfatul. Mai mult, ea spune că Dumnezeu îi „face pe cei smeriți să umble în tot ce este drept. El învață pe cei smeriți calea Sa" (Ps. 25:9; cf. Prov. 11:2). De aceea, Petru ne învață: „Tot așa și voi, tinerilor, fiți supuși celor bătrâni. Și toți în legăturile voastre, să fiți împodobiți cu smerenie. Căci, Dumnezeu stă împotriva celor mândri, dar celor smeriți le dă har" (1 Petru 5:5).

Nu vei dori să îți pierzi vremea încercând să înveți pe cineva care crede nu ai nimic de oferit și că nu are nimic de învățat. Învață-i pe cei ce se lasă învățați. Și încearcă să te lași tu însuți învățat.

8. CREDINCIOȘIA ÎN ÎNVĂȚAREA ALTORA

Am menționat deja de câteva ori cuvintele adresate lui Timotei de către Pavel: „Și ce-ai auzit de la mine, în fața multor martori, încredințează la oameni de încredere, care să fie în stare să învețe și pe alții" (2 Tim. 2:2).

Noi dorim să ucenicizăm pe oricine, și în special vrem să îi ucenicizăm pe cei care, la rândul lor, îi vor uceniciza pe cei ce îi vor uceniciza pe alții. Dacă va trebui, vom face operații de adunare, dar cu siguranță că ne-ar plăcea să facem înmulțiri. Noi nu mentorăm doar următoarea generație, ci încercăm să ajungem la toate generațiile viitoare!

9. PROXIMITATEA ȘI CALENDARELE

În final, îți vine să crezi sau nu, Biblia este atentă și la chestiuni legate de timp și calendare aglomerate. Pavel scria: „Așadar, cât avem prilej, să facem bine la toți, și mai ales fraților în credință" (Gal. 6:10). Vei descoperi o mulțime de versete asemănătoare care ne cheamă să ne folosim bine de timpul nostru (de ex. Efes. 5:16).

Această trăsătură finală, despre care vorbesc acum, ține de înțelepciune. Dar, în general, eu aș recomanda să-i găsești pe cei ale căror calendare se potrivesc cu al tău. Ai putea, de asemenea, să iei în considerare locul în care trăiești și muncești, ca și timpul necesar pe care trebuie să-l dedici familiei tale, slujbei și bisericii. Pleacă de la prezumția că Dumnezeu nu te cheamă să faci ceva imposibil.

Evident, în toate acestea, Dumnezeu pregătește dinainte faptele bune pentru noi (Efes. 2:10). Și, asemenea bunului samaritean, uneori El așază oameni pe calea noastră, oameni la care nu ne-am gândi în mod obișnuit că ar fi cei cu care să petrecem timp. Poate că este vorba despre un membru al bisericii tale, care se întâmplă să lucreze în biroul tău sau ai cărui copii participă la aceleași evenimente sportive, alături de copiii tăi. Sau poate că o soră este părăsită de soțul ei, iar ea se îndreaptă îndurerată către tine, sora ei în credință.

Acestea fiind spuse, fii înțelept și gândește-te la persoanele pe care le alegi pentru a petrece timp cu ele, dar fii în același timp conștient de faptul că providența lui Dumnezeu răstoarnă uneori toate planurile noastre. Slavă lui Dumnezeu, această providență a Lui ne păstrează dependenți de El!

RECAPITULARE

Îți amintești de Bob și Bill. Să zicem că orarul tău îți permite să petreci timp doar cu Bob sau cu Bill, dar nu cu amândoi. Cum vei alege? Cu siguranță că ar trebui să te rogi în legătură cu acest lucru și, pentru că nu există în mod necesar un răspuns corect, nu trebuie să te simți vinovat dacă nu vei avea timp să petreci cu niciunul dintre ei. De aceea există trupul lui Hristos.

Ai putea alege să petreci timp cu Bob, pentru că programul lui de lucru se potrivește mai bine cu al tău sau pentru că locuiește în apropierea ta, iar soțiile voastre sunt deja bune prietene. Ai putea decide să te dedici ucenicizării lui Bill, pentru că el se va muta în vara următoare înapoi în Bogota, Columbia, și manifestă o dorință pentru învățarea altora și, de aceea, vrei să îl echipezi pentru a-i echipa pe alții, la rândul lui, odată ajuns în Bogota. Oricare ar fi motivația, roagă-te, cere înțelepciune, și apoi pune-te pe treabă.

În toate acestea, indiferent dacă ucenicizezi în mod conștient o persoană sau patru, asigură-te că tu însuți crești spiritual și apoi ajută-i pe cei din jurul tău să crească. Ambele sunt importante și una contribuie la cealaltă.

DESPRE AUTOR:

Mark Dever este păstor senior la Capitol Hill Baptist Church în Washington, D. C., și președintele 9Marks. Îl puteți găsi pe Twitter la adresa @MarkDever.

Nota editorului: acest articol este un fragment adaptată din cartea lui Mark Dever, intitulată: *„Ucenicizarea: Cum să-i ajutăm pe alții să Îl urmeze pe Isus"*, publicată în limba română de Asociația Magna Gratia. Folosit cu permisiune.

CUM AȘ PUTEA, CA LIDER DE BISERICĂ, SĂ AJUT LA DEZVOLTAREA UNEI CULTURI A UCENICIZĂRII?

1. Structurează-ți programul săptămânal pentru a include perioade de timp pe care să le poți petrece alături de creștini mai puțin maturi (mese împreună, discuții, analize regulate ale predicilor etc.).
2. Dacă conduci o congregație educată, cere din partea bisericii un buget pastoral pentru cărți pe care să le poți oferi. Păstrează în biroul pastoral un raft de cărți gata pregătite pentru a fi dăruite în mod spontan. Încurajează oamenii să le citească, apoi să te caute pentru a programa momente de discuții pe tema acelor cărți.
3. Caută modalități de a-i încuraja pe creștinii maturi din congregația ta să se întâlnească cu alții („Bună, Dan, cu cine iei prânzul astăzi?"). Caută apoi oportunități de a-i conecta unul cu celălalt pe membrii bisericii („Bună, Dan, te-ai gândit cum să faci să petreci ceva timp cu David?").
4. Aplică predicarea ta nu doar la nivel individual, ci și la nivelul bisericii ca întreg (ex. „Ce implicație are acest pasaj pentru noi, ca biserică? El ne spune că ar trebui să fim dornici să ne încurajăm și să ne corectăm reciproc."). Caută modalități de a încuraja ucenicizarea și grija reciprocă prin aplicațiile predicii tale.
5. Predică Evanghelia și fă aplicații potrivite cu ea. Predicarea corectă a Evangheliei ar trebui să conducă la creștini care își percep obligația reciprocă de a se sfătui și uceniciza unul pe altul pe baza identității lor comune de familie, în Hristos. Pe cât de des este posibil, ajută congregația să facă legăturile potrivite între profesiunea de credință și chemarea la o dragoste activă și reciprocă.
6. Țineți în biserica voastră lecții pe tema ucenicizării sau a consilierii pentru adulți.
7. Țineți lecții de școală duminicală pe subiecte mai specifice, precum „frica de oameni", „voia lui Dumnezeu sau călăuzirea".
8. Folosiți lecțiile pe tema membralității în biserică pentru a sublinia așteptarea pe care biserica o are în ce privește implicarea regulată și reciprocă a membrilor în viețile lor.
9. Folosiți discuția de acceptare ca membru pentru a-i cere acelui candidat să se implice în relații de ucenicizare unu la unu.
10. Cumpărați resurse bune pe tema ucenicizării pentru biblioteca bisericii voastre.
11. Gândiți-vă să amenajați un stand cu cărți pe tema consilierii în bisericile voastre, alimentându-l cu resurse ale organizațiilor de consiliere creștină renumite, precum CCEF, care furnizează resurse concise pe o varietate largă de

teme. Dacă este posibil, oferiți gratuit aceste broșuri.

12. Promovați și dăruiți aceste cărți și broșuri de la amvon.
13. Ca păstori, fiți modele de smerenie și de a accepta corecția din partea altora!
14. Gândiți-vă la modalități de a echipa grupele mici din biserică cu resurse recomandate potrivit cu tipul de grup, precum grupurile de necăsătoriți sau grupurile de proaspăt căsătoriți.
15. Dacă resursele permit, angajați un păstor cu normă întreagă, care își poate dedica timp suficient pentru consiliere.
16. Dacă resursele permit, angajați o soră care se poate ocupa de consiliere și promovarea ucenicizării printre femei în congregație.
17. Încurajați membrii bisericii să participe la conferințele sau seminariile organizațiilor de consiliere creștină, precum Christian Counseling Education Foundation (CCEF) și folosiți-vă de cursurile de instruire online are acestora.
18. Organizați ore de instruire pentru membrii bisericii și/sau pentru liderii de grupe mici din bisericile voastre. CCEF oferă două excelente programe – *How People Change* și *Helping Others Change*. Aceste manuale și ghiduri pentru lideri ușurează foarte mult munca păstorilor, a liderilor laici și a membrilor de a se învăța reciproc în a folosi Cuvântul lui Dumnezeu în consiliere și grijă reciprocă (www.ccef.org).
19. Citiți cartea lui Paul David Tripp, intitulată *Instrumente în mâinile Răscumpărătorului.*
20. Încurajați-i pe bărbații pe care îi ucenicizați, și care se gândesc la lucrarea pastorală de carieră, să studieze cartea lui Ed Welch, *When People Are Big and God Is Small.*
21. Rugați-vă. Cereți-I lui Dumnezeu să ridice prezbiteri, femei evlavioase și credincioși maturi care să îi ucenicizeze pe cei din congregație și care, astfel, să ajute la îngrijirea turmei.

(Lista de față reproduce esența articolului „*Twenty Ways to Cultivate a Culture of Counseling*” de Jonathan Leeman și Deepak Reju)

CUM SĂ DĂM ȘI SĂ PRIMIM CRITICI EVLAVIOASE: ASCUȚINDU-NE RECIPROC PRIN CUVINTELE NOASTRE

Garrett Kell

„După cum fierul ascute fierul, tot așa și oamenii se cizelează între ei" (Prov. 27:17, cf. ESV)

Criticile constituie un lucru pe care majoritatea dintre noi le tratăm fugind de ele. Noi dorim în mod natural să evităm conversațiile dificile în cadrul cărora acțiunile, motivațiile sau slujirea noastră ar putea fi plasate sub microscopul unei alte persoane. În același timp, mulți dintre noi respingem ideea de a le aduce critici altora, pentru că nu vrem să fim văzuți ca și cum i-am judeca sau nu vrem să riscăm să le rănim sentimentele. Chiar dacă poate părea natural, vreau să sugerez faptul că oferirea și acceptarea criticilor evlavioase constituie un element necesar în viața bisericilor sănătoase și a unor relații sănătoase între credincioși. Dacă vrem să-i ajutăm pe oameni să crească în sfințenie, dar nu le putem aduce critici evlavioase, nu vom reuși să-i ajutăm prea mult. Dumnezeu folosește copiii Lui prin a-și spune reciproc adevărul în dragoste, iar acest lucru include și criticile adevărate. Dacă ratezi acest element în relațiile tale de ucenicizare, vei fi ca un păstor fără toiag.

Ce anume constituie critici evlavioase?

Deși termenul „critică" nu apare în Bibliile noastre, conceptul cu siguranță că apare. Termeni precum *mustrare, corecție, îndemn* și *învățătură*, toți surprind adeseori aceeași idee.

Iată încercarea mea de a defini critica evlavioasă: să oferi o evaluare corectivă asupra unei alte persoane și a slujirii ei față de Domnul, cu intenția de a o ajuta să crească în credincioșie față de Dumnezeu.

În contextul acestui articol, mă voi concentra pe oferirea și acceptarea criticilor evlavioase în contextul unei relații dintre creștini. O astfel de relație poate să se manifeste între soț și soție, între prieteni, între membrii unei biserici, sau între slujitorii acesteia. De asemenea, vreau să subliniez faptul că vorbim aici doar despre critici *evlavioase*. Acest lucru este important, pentru că nu orice critică este și evlavioasă. Unele critici sunt pur și simplu satanice.

Unii oameni aduc critici inspirați de firea păcătoasă (1 Cor. 3:3) căreia îi lipsește înțelepciunea spirituală (Iacov 3:14-16) și astfel nu fac altceva decât să-i rănească pe ceilalți (Gal. 5:15). Aceste critici nepotrivite țintesc adeseori la zdrobirea celuilalt și la înălțarea de sine a celui care critică, pentru a părea că este „spiritual" (Luca 18:11-14; Prov. 30:32). Acest atac lipsit de sensibilitate este în același timp lipsit de harul constructiv și lasă în urma lui oameni răniți, nu oameni ajutați.

Pentru a evita situația când am putea să aducem astfel de critici, aș vrea să vă ofer câteva sugestii legate de felul în care ar trebui să oferim și să primim critici evlavioase.

CUM SĂ OFERI CRITICI EVLAVIOASE

1. Scopul este creșterea.

Scopul esențial al oricărei relații dintre creștini ar trebui să fie acela de a ne ajuta unul pe celălalt să creștem în Hristos (Efes. 4:14-15). Asta înseamnă că, atunci când aducem critici, ele trebuie să țintească la zidire, nu la demolare (2 Cor. 13:10). Așadar, atunci când vrei să vorbești, roagă-te și gândește-te la felul în care cuvintele tale pot să poarte cu ele harul constructiv care să îi ajute pe ceilalți să se maturizeze în Hristos (Efes. 4:29). Arată-le felul în care corecția ta, dacă este aplicată, îi poate ajuta să reflecte mai bine gloria lui Dumnezeu (Matei 5:16).

2. *Critică într-un fel smerit.*

Mândria se bucură atunci când alții sunt criticați. Așadar, dacă ești încântat de ideea de a oferi critici, acesta poate fi semnul că mândria îți călăuzește inima. Cea mai bună modalitate de a crește în smerenie este să petreci timpul mulțumindu-I lui Dumnezeu pentru multele feluri în care El te-a corectat cu blândețe. Reamintește-ți că Evanghelia este vestea bună pentru tine și fii împrospătat de felul în care Dumnezeul iubitor te-a tratat pe tine (Efes. 2:1-5). Acest lucru te va ajuta să scoți bârna din ochiul tău înainte de a ajuta pe altcineva și să-și scoată așchia din ochi (Matei 7:1-5).

3. *Oferă încurajări alături de critici.*

Critica trebuie aproape întotdeauna să fie servită cu o doză sănătoasă de încurajare. Acesta nu este un truc psihologic pentru a evita să rănim sentimentele cuiva, ci mai degrabă este o modalitate de a afirma faptul că Dumnezeu lucrează în ei, în ciuda nevoii lor de a continua să crească. De exemplu, când persoanele din echipa de slujire de la biserica noastră îmi oferă opiniile lor cu privire la predicare sau conducerea bisericii, vreau să mă ajute arătându-mi ce anume trebuie schimbat și ce trebuie să continui să fac în felul în care fac. Identificarea dovezilor harului alături de domeniile ce trebuie corectate sau îmbunătățite va face conversațiile noastre să fie cu atât mai utile.

4. *Gândește-te bine.*

Gândește-te bine la ceea ce vrei să spui și fă asta înainte de a spune (Prov. 29:20). Acest lucru va ajuta la eliminarea mărunțișurilor și te va îndrepta către esența a ceea ce trebuie comunicat. Roagă-te și întreabă-te: „Care este principala problemă pe care trebuie să o tratez? Ce anume sper că va fi lucrul pe care persoana respectivă și-l va aminti după discuția noastră? Ce anume trebuie spus și ce poate fi trecut cu vederea?" Această lucrare făcută cu anticipație te va ajuta atât pe tine cât și pe persoana pe care o confrunți.

5. *Fii clar.*

Când oferi critici, fii pe cât de clar este posibil. Vorbești despre o problemă care ține de păcat sau de personalitate? Este o chestiune importantă sau una care doar poate să devină importantă? O modalitate de a aduce mai multă claritate criticii tale este să folosești exemple.

De pildă, nu spune pur și simplu „ești grosolan". Încearcă, în schimb, să spui ceva de genul: „știu că ai idei bune, dar am observat că ai tendința de a-i întrerupe pe oameni atunci când ei vorbesc. Nu sunt sigur dacă te-ai surprins făcând acest lucru, dar asta îi poate face pe oameni să se simtă ca și cum tu n-ai nevoie să-i auzi și să asculți la ceea ce au de spus." Fii clar în critica ta, și acest lucru te va ajuta să ajungi la esența problemei.

6. *Fii blând.*

Îmbracă-ți criticile în blândețe. Dragostea caută să comunice adevărul într-o modalitate care poate fi ușor acceptată. Este un semn de maturitate spirituală să-i ajuți pe oameni cu blândețe să crească în sănătate spirituală (Gal. 6:1). Blândețea nu trebuie să fie considerată un semn al slăbiciunii, ci mai degrabă o atitudine a inimii pe care Dumnezeu o poate folosi pentru a-i conduce pe alții la pocăință (2 Tim. 2:24-26). Un mod de a crește în blândețe este să ne gândim la cum am dori să ni se vorbească dacă alții ne-ar aduce aceeași critică (Matei 7:12). Cum ai putea să onorezi acele persoane ajutându-le să crească în același timp (Rom. 12:10)? Luând în considerare felul cum ei vor percepe ceea ce tu spui, poți să îți alegi cuvintele așa încât critica să fie adusă cu blândețe.

7. *Fii răbdător.*

„Dragostea este răbdătoare" (1 Cor. 13:4). Ține minte că unele obiceiuri sau păcate au nevoie de timp pentru a fi corectate, mai ales dacă sunt chestiuni înrădăcinate adânc în inimă. Privește pe termen lung la relația ta cu acea persoană și cere-I lui Dumnezeu să te ajute să îți amintești cât de răbdător a fost El cu tine (Exod 34:6). Acest lucru te va păstra smerit înaintea lui Dumnezeu și răbdător cu cei pe care îi ajuți să se corecteze.

8. *Roagă-te.*

Ruth Graham spunea cândva despre soțul ei, „treaba mea este să îl iubesc pe Billy; treaba lui Dumnezeu este să îl schimbe". Există multă înțelepciune în acea afirmație. Chiar dacă putem aduce adevărul în fața unei inimi, doar Dumnezeu poate face ca sămânța aceea să crească (1 Cor. 3:6). Ceea ce acest lucru înseamnă pentru noi este că, dacă nu ne rugăm pentru oameni, cu siguranță că n-ar trebui să încercăm să îi schimbăm. Doar Dumnezeu este capabil să schimbe un om, aşa că vino înaintea Lui în rugăciune pentru cei pe care doreşti să îi confrunţi.

CUM SĂ PRIMEȘTI CRITICI EVLAVIOASE

1. Fii înfometat după creştere.

Doreşti să creşti în maturitate spirituală? Tânjeşti să fii mai mult ca Isus? Dacă da, atunci trebuie să faci tot ceea ce poţi ca să omori mândria care doreşte să îţi protejeze imaginea în faţa altora. Când alţii ne critică, reacţia noastră naturală este să ne apărăm şi să aducem scuze pentru criticile pe care le primim. O, fraţi şi surori, omorâţi idolul imaginii de sine! Proverbe 12:1 spune, „Cine iubeşte certarea, iubeşte ştiinţa; dar cine urăşte mustrarea, este prost." Motivul pentru care cei care urăsc mustrarea sunt nebuni ţine de faptul că nu există nimic mai bun decât să fii corectat spre slava lui Dumnezeu. Aşadar, insistă înaintea lui Dumnezeu să te facă să-ţi doreşti să creşti în sfinţenie şi în utilitate mai presus de orice altceva. Cere-I să te ajute să nu te temi să fii făcut mai puternic prin a fi smerit cu ajutorul celor care îţi spun adevărul despre viaţa ta.

2. Pleacă de la prezumţia că ai nevoie să fii corectat.

Proverbe 12:15 ne reaminteşte: „Calea nebunului este fără prihană în ochii lui, dar înţeleptul ascultă sfaturile." Presupui că ai nevoie de oameni în viaţa ta care să te critice şi să te corecteze? Presupui că alţii pot vedea lucruri în viaţa ta faţă de care tu ai fi orb? Este nebuneşte să presupunem faptul că, chiar şi în zilele noastre cele mai bune, n-am putea fi ajutaţi de părerile critice ale altora.

3. Nu te simţi jignit atât de uşor.

Spurgeon a dat cândva următorul sfat înţelept: „dacă vreun om te critică, nu te mânia pe el, pentru că eşti mai rău decât îşi imaginează el." Mânia din inimile noastre se aprinde foarte adesea atunci când cineva ne spune câteva cuvinte cu rol de corecţie. Roagă-te înaintea lui Dumnezeu să te ajute să-ţi aminteşti că, indiferent ce îţi spune cineva, este cu mult mai puţin tăios acel lucru decât ceea ce Dumnezeu ţi-a spus în Evanghelie.

4. Pune întrebări de clarificare.

Când cineva îţi aduce critici, mulţumeşte-le pentru că te ajută să creşti, apoi discută acele întrebări. Cere exemple, dacă vrei să fii ajutat să înţelegi mai bine. Cere sugestii legate de cum ar trebui să te schimbi. Făcând aceasta, transformi criticile într-o conversaţie, lucru care este cel mai bun punct de plecare pentru creştere.

5. Pleacă de la prezumţia că există măcar o fărâmă de adevăr în ceea ce alţii îţi spun.

Oamenii nu sunt infailibili, aşa că există momente când criticile lor pot să fie nerealiste. Primul tău răspuns n-ar trebui să se orienteze către a găsi greşeli în ceea ce ei îţi spun, ci mai degrabă să vezi măcar acea fărâmă de adevăr care poate fi găsită în cuvintele lor. Rareori există situaţii când nu poţi găsi nici măcar un gram de aur chiar şi în cea mai mare grămadă de gunoi.

6. Păstrează biserica înaintea ochilor tăi.

Atunci când eşti corectat de alţii, nu eşti singurul care beneficiază de aceasta. Întrucât eşti parte din trupul lui Hristos, creşterea ta înseamnă o veste bună pentru toţi ceilalţi (1 Cor. 12). Eu însumi aş putea să enumăr probabil 10-15 corecţii pe care le-am primit de-a lungul anilor, care au afectat în mod semnificativ cursul vieţii şi al lucrării mele.

Una dintre cele pe care mi le amintesc adesea a venit în primul meu an de predicare, când un prieten mi-a arătat faptul că predicam consecvent Crucea, dar arareori menţionam învierea lui Isus. El m-a încurajat să-L scot pe Isus „din mormânt" în predicarea mea. Sunt bucuros pentru corecţia lui şi sunt mulţumitor pentru mulţi alţii care m-au iubit suficient pentru a-mi împărtăşi criticile lor evlavioase.

7. Fă acest lucru pentru gloria lui Dumnezeu.

1 Corinteni 10:31 spune: „fie că mâncaţi, fie că beţi, fie că faceţi altceva [inclusiv a oferi şi a primi critici] să faceţi totul pentru slava lui Dumnezeu." Asta înseamnă că scopul nostru în oferirea, primirea şi aplicarea criticilor trebuie să fie întotdeauna să ajutăm ca Dumnezeu să fie văzut mai clar în vieţile noastre şi în vieţile altora. Dacă slava lui Dumnezeu este scopul nostru suprem, acest lucru ne va păzi inimile în decursul acelor conversaţii grele, care ne încearcă limitele.

CUM SĂ CREĂM O CULTURĂ A ASCUȚIRII RECIPROCE ÎN BISERICĂ

Ceea ce noi nu vrem să facem este să dezvoltăm o cultură a criticilor care vânează constant greşelile altora. Ceea ce însă vrem să vedem este o biserică ce se adânceşte în dragostea şi grija reciprocă atât de mult, încât este gata să se implice în conversaţii profunde, uneori dureroase, totdeauna pline de dragoste, utile, care ne modelează caracterul şi care Îi aduc multă glorie lui Dumnezeu.

1. Predică Evanghelia.

Cu cât predicăm şi aplicăm mai consecvent Evanghelia în vieţile noastre şi ale altora, cu atât mai echipaţi vom fi să oferim şi să primim critici centrate pe har.

2. Fii un model în aceasta.

Păstorii şi cei care sunt maturi spiritual trebuie să slujească drept modele pentru cei din jurul lor (1 Cor. 11:1). Oare cum te deschizi faţă de critici aşa încât să fii un model pentru turma ta? Cum oferi şi cum inviţi criticile evlavioase ca parte a relaţiei tale cu soţia, în întâlnirile de familie, cu slujitorii sau în relaţiile de ucenicizare?

3. Invită criticile.

Fă din oferirea şi acceptarea criticilor evlavioase o parte normală a relaţiilor tale de ucenicizare. Asta nu înseamnă că trebuie întotdeauna să vă criticaţi unul pe celălalt, ci că vă veţi da reciproc permisiunea să vorbiţi liber unul faţă de celălalt. Eu le spun adesea oamenilor ceva de genul: „ai permisiunea mea să vii în orice moment să-mi arăţi orice lucru din viaţa mea pe care crezi că ar trebui să-l corectez". Este adevărat, nu-i spun acest lucru oricărei persoane, dar cei pe care îi ucenicizez ştiu că au mână liberă să vină înaintea inimii mele şi să-mi pună orice întrebare. Acest lucru s-a dovedit a fi o practică eliberatoare şi minunat de roditoare pentru mine.

4. Organizează acest lucru.

Găseşte modalităţi de a face ca oferirea şi acceptarea părerilor altora să fie o parte normală din viaţa ta. În decursul discuţiilor noastre, eu şi soţia mea ne vom pune uneori întrebări de genul „Care sunt acele lucruri care ţi-ar plăcea să nu le mai fac? Există ceva ce ţi-ar plăcea să mă vezi începând să fac? Ce anume ţi-ar plăcea să mă vezi continuând să fac?" În acelaşi fel, întâlnirile noastre de slujitori includ rugăciunea, planificarea şi analiza serviciilor divine de duminica anterioară. Aceste momente de schimb de păreri asupra predicilor mele s-au dovedit foarte preţioase în creşterea mea ca slujitor al Cuvântului lui Dumnezeu.

5. Păzeşte-te ca nu cumva să dezvolţi un spirit critic.

Dacă faci parte dintr-o biserică ce obişnuieşte să ofere şi să primească critici evlavioase, în anumite momente vei fi ispitit să dezvolţi un spirit critic. Fiecare cântare, fiecare rugăciune, fiecare predică şi fiecare conversaţie poate să ajungă să intre în colimatorul tău. Trebuie să ne păzim inimile împotriva acestei tentaţii păcătoase. Nu este un lucru evlavios să fii critic, dar este un lucru bun să fii în măsură să-i ajuţi pe alţii cu unele păreri, chiar dacă sunt critice. Înţelegerea acestei deosebiri este esenţială pentru viaţa fiecărei persoane.

6. Cultivă simultan un obicei al încurajării.

O cultură a încurajării este cheia unei culturi sănătoase a criticilor aduse evlavios. Nu ştiu care este raportul sănătos, dar sper că soţia mea, copiii, prietenii şi partenerii de lucrare aud de 10 ori mai multe încurajări de la mine decât critici. Dacă încurajarea este intenţională, persistentă şi onestă, atunci criticile vor servi ca un material textil moale, care lustruieşte inima celuilalt. Dacă lucrurile nu stau aşa, atunci ea se poate transforma într-un aruncător de flăcări.

7. Roagă-te pentru acest lucru.

Roagă-te ca Dumnezeu să creeze în biserica ta o cultură care ţinteşte la ajutarea reciprocă a credincioşilor să crească. Roagă-te ca El să vă dea înţelepciunea de a vă stârni unul pe altul la evlavie (Evrei 10:24-25). Roagă-te ca El să cultive smerenie în biserica ta, aşa încât ea să îşi găsească încântarea în a fi corectată potrivit adevărului lui Dumnezeu (F.A. 17:11). Mai presus de orice, roagă-te ca, prin a spune adevărul în dragoste, biserica să fie zidită pentru a fi un trup care Îi dă glorie lui Isus (Efes. 4:15).

DESPRE AUTOR:

Garrett Kell este păstorul principal al Del Ray Baptist Church din Alexandria, Virginia. Îl puteţi găsi pe Twitter la adresa @pastorjgkell.

ȘASE BENEFICII ALE EVANGHELIZĂRII PENTRU UCENICIZARE

Brian Parks

„Evanghelizarea mi-a schimbat viața." John, șoferul meu de taxi, mi-a spus acest lucru pe când conducea pe autostrada ce ieșea din Orlando, pe drumul către conferința la care participam. Conversația noastră s-a îndreptat curând către credință, când el a descoperit că eu nu venisem la Orlando pentru parcul Disney, asemenea majorității clienților lui.

„Ce vrei să spui cu asta?", l-am întrebat eu, așteptându-mă de la el să îmi explice cum cineva l-a condus la Hristos. Dar nu la asta se referea el. El voia să spună că practica evanghelizării a fost ceea ce i-a schimbat viața.

El a explicat apoi: „Atunci când am învățat să îmi mărturisesc credința, acest lucru a adus în atenția mea atât de multe lucruri importante. A făcut să fiu nevoit să tratez lucruri la care nici nu mă gândisem vreodată. Apoi, după ce conduci pe cineva la Hristos, nu uiți niciodată acel lucru. Este ca atunci când nu te mai poți opri! Nimic nu se aseamănă cu această experiență."

Mărturia lui John cu privire la efectul spiritual revigorant al mărturisirii credinței a rezonat cu ceva ce eu însumi am experimentat în umblarea mea cu Hristos și în lucrarea de 22 de ani cu studenții și în conducerea bisericii.

Totuși, cât de des oare ne-am gândit noi la ucenicizare și evanghelizare ca fiind două aspecte separate, neconectate, ale vieții noastre în Hristos? Ba încă și mai dăunător, noi considerăm adesea ucenicizarea necesară, pe când evanghelizarea o vedem opțională. Sau ne gândim la faptul că evanghelizarea este rezervată doar celor mai zeloși și mai dăruiți spiritual credincioși din bisericile noastre.

FIECARE UCENIC TREBUIE SĂ EVANGHELIZEZE

Cu toate acestea, Noul Testament ne prezintă o imagine în care *fiecare* ucenic al lui Hristos este în mod normal și natural implicat în evanghelizare la fel de mult pe cât este în studiul Bibliei, în rugăciune și în închinarea comună. De la proaspătul credincios până la sfântul bătrân înțelept, împărtășirea Evangheliei este necesară și parte integrantă dintr-o viață crescândă în Hristos.

Mulți dintre noi am auzit și chiar am predicat mesaje care s-au concentrat în mod corect pe tema Marii Trimiteri de „a face ucenici" (Matei 28:18-20). De asemenea, i-am învățat pe cei din jurul nostru că ei trebuie să fie, la rândul lor, dintre cei ce fac ucenici. Totuși, trebuie să arătăm clar că facerea de ucenici necesită în mod clar ajutarea altor oameni care nu sunt încă ucenici să devină ucenici – anume evanghelizarea. Isus ne-a oferit un model în acest sens (Matei 1:14, 15; Matei 9:35) și i-a învățat pe apostolii Lui să facă același lucru (Marcu 6:7-13; Luca 10:1-12). La doar câteva zile după aceea, Isus le-a spus că ei urmau să Îi fie „martori... până la marginile pământului" (F.A. 1:8).

Parte din învățătura apostolilor care se referă la faptul că biserica umplută de Duhul Sfânt avea să se dedice lucrării (F.A. 2:42) trebuie să fi inclus mărturisirea normală și regulată a Evangheliei față de cei din familie, față de prieteni și față de străini. Începând de la acele prime săptămâni și luni de după Cincizecime, oamenii erau mântuiți în fiecare zi (F.A. 2:47). Evanghelizarea era în mod necesar parte din noua viață de ucenicizare înaintea Domnului Isus cel înviat.

BENEFICIILE EVANGHELIZĂRII

Există șase modalități prin care, dacă tratăm evanghelizarea ca o parte necesară a ucenicizării, acest lucru ne ajută la creșterea unor ucenici maturi.

1. Evanghelizarea ajută la păstrarea locului central al Evangheliei în viețile noastre și ale bisericilor noastre.

Evanghelia creează biserica (Col. 1:5, 6), este mesajul de bază al ei (1 Cor. 15:1-3) și puterea care îi crește pe credincioși în Hristos (Filip. 1:6). De aceea, ar trebui să facem tot ceea ce ne stă în putere ca să îi păstrăm locul central. Noi știm că lumea, firea pământească și diavolul vor face tot ceea ce pot ca să o îndepărteze dinaintea ochilor noștri.

D. A. Carson spunea că una dintre modalitățile prin care noi păstrăm Evanghelia în locul ei central stă în aceea că ne străduim din răsputeri să o transmitem altora. Evanghelizarea ne ajută să menținem mesajul Evangheliei în funcția lui de motor al unei vieți crescânde în Hristos.

2. Evanghelizarea adâncește înțelegerea de către noi a celor mai fundamentale adevăruri ale Scripturii.

Conversațiile evanghelistice cu necredincioșii ne forțează să înțelegem mai bine adevărurile centrale ale Cuvântului lui Dumnezeu. Chestiuni precum caracterul lui Dumnezeu, sfințenia și mânia Lui, creația omului după chipul lui Dumnezeu, păcatul, harul, crucea lui Hristos și judecata – ajung să devină mult mai clare. Trebuie să ne gândim la felul în care le explicăm aceste concepte oamenilor diferiți în circumstanțe diferite. Și învățăm mai bine felul în care aceste adevăruri se întrețes împreună în întreaga Scriptură, de la Geneza până la Apocalipsa.

Unul dintre cele mai clare versete cu privire la beneficiile ucenicizării venind din evanghelizare se găsește în Filimon 1:6: „Te rog ca această părtășie a ta la credință să se arate prin fapte, care să ai deplina înțelegere a oricărui lucru bun pe care îl avem în Hristos" (cf. ESV).

A cunoaște un lucru și a-l explica altcuiva care nu îl înțelege sau nu îl crede sunt două lucruri distincte. Aceste adevăruri prețioase devin mai clare pentru noi pe măsură ce le explicăm altora.

3. Evanghelizarea motivată adecvat crește dragostea noastră pentru Dumnezeu și pentru aproapele nostru.

Toți oamenii sunt chemați să Îl iubească pe Dumnezeu din toată inima și să îi iubească pe semenii lor (Marcu 12:28-31). Atunci când mărturisim credința pentru că Îl iubim pe Dumnezeu și îi iubim pe oameni, acest lucru înflăcărează dragostea noastră tot mai mult. N-am văzut niciodată evanghelizarea corect motivată făcând opusul.

Dacă n-ai condus pe nimeni la Hristos, nu pot decât să îți descriu bucuria de a vedea puterea transformatoare a Evangheliei la lucru într-un fel proaspăt într-o persoană. Când vezi inima ei zdrobindu-se datorită păcatului, inima ta ți se zdrobește tot mai mult pentru propriul păcat. Atunci când văd acele persoane bucurându-se de libertatea iertării, asta mă face să beau eu însumi tot mai mult din această libertate a iertării. Atunci când trăim privilegiul de a conduce pe cineva la Hristos, acest lucru ne amintește cât de puternic, sfânt și îndurător este Dumnezeu, cu mult mai puternic, sfânt și îndurător decât ne imaginăm noi adeseori.

În mod asemănător, când le mărturisim altora mesajul nădejdii Evangheliei, Hristos ne promite că uneori ei îl vor respinge, și probabil că ne vor respinge și pe noi (Ioan 15:18-20). Când acest lucru se petrece, inima mea este tot mai frântă și zdrobită văzând orbirea și robia pe care păcatul le produce. Mă gândesc la judecata viitoare cu o urgență tot mai mare. Mai apoi, mă minunez din nou de ce m-a mântuit pe mine Dumnezeu, din moment ce sunt un păcătos la fel ca persoana care m-a respins pe mine și a respins mesajul Evangheliei.

4. Evanghelizarea dă naștere unor întrebări și obiecții neașteptate din partea necreștinilor, lucruri care adâncesc credința noastră.

Trăiesc în Orientul Mijlocul de aproape 10 ani, iar interacțiunile mele cu musulmanii și cu alți necreștini au întărit în mod consecvent credința mea pe măsură ce m-am îndreptat către Dumnezeu, cerându-I răspunsuri înțelepte la întrebările venite din partea acestora.

Am petrecut nenumărate dupăamiezi la cantina de lângă birourile companiei noastre, împrietenindumă cu musulmani. Conversațiile noastre se îndreaptă adesea în mod natural către credință, și am avut astfel oportunitatea de a explica ce anume cred creștinii. Nu pot să răspund întotdeauna întrebărilor lor imediat, dar, întorcându-mă la Dumnezeu și la Cuvântul Lui în căutarea răspunsurilor, credința mea este întotdeauna întărită. Împărtășirea credinței mele mă pune în situații în care aud obiecții și descopăr răspunsuri la întrebări pe care niciodată nu mi le-aș fi pus pentru propria persoană.

5. Evanghelizarea ne protejează ca nu cumva să greșim, presupunând că cei din jurul nostru sunt mântuiți.

Oamenii nemântuiți nu pot ucenici za niciodată într-un sens biblic. Ei nu cresc și nici nu pot crește în evlavie (Rom. 8:5-8).

Un mare pericol pentru biserica din zilele noastre constă din a presupune că oamenii care pur și simplu pretind că sunt creștini sau spun că s-au implicat în activități bisericești sunt, prin definiție, mântuiți. Când nu suntem atenți la cine anume sunt cei pe care îi considerăm „născuți din nou", adesea acest lucru ne arată că rădăcinile acestui fel de gândire stau în perspective nebiblice ale convertirii. Alteori, frica de oameni ne împiedică să ne asumăm riscul de a-i ofensa pe unii pretinși credincioși dacă sugerăm că ei ar putea să nu fie cu adevărat dintre cei ce își pun credința în Hristos.

Totuși, atunci când facem ca Evanghelia să fie parte din conversațiile noastre de zi cu zi, acest lucru va conduce adesea la situații și circumstanțe în care creștinii nominali ajung să fie persoane născute din nou din Duhul Sfânt.

Semănătorul împrăștie sămânță din belșug, în aparență fără a lua seama unde cade această sămânță (pe drum, pe teren stâncos, în mijlocul spinilor sau pe un teren fertil; Marcu 4:2-8). Tot așa, noi ar trebui să mărturisim Evanghelia din belșug, fără discriminare, lăsând apoi ca Dumnezeul nostru suveran să o folosească în orice fel găsește potrivit, pentru mântuirea celor pierduți și pentru încurajarea sfinților.

6. Evanghelizarea crește probabilitatea de a fi persecutați din cauza Evangheliei, ceea ce duce la creșterea noastră spirituală.

Există un motiv pentru care n-am început cu acest „beneficiu"! Totuși, haideți să ne uităm la textul din Romani 5:3-5:

> „Ba mai mult, ne bucurăm chiar și în necazurile noastre; căci știm că necazul aduce răbdare, răbdarea aduce biruință în încercare, iar biruința aceasta aduce nădejdea. Însă nădejdea aceasta nu înșeală, pentru că dragostea lui Dumnezeu a fost turnată în inimile noastre prin Duhul Sfânt, care ne-a fost dat."

Chiar dacă n-ar trebui să căutăm să suferim de dragul suferinței, ar trebui să fim pregătiți să acceptăm suferința de dragul Evangheliei (2 Tim. 1:8; Rom. 8:17). În fapt, suferința datorată lucrării de evanghelizare ar trebui să fie o încurajare pentru noi așa cum a fost pentru biserica primară (F.A. 5:41). Mărturisirea credinței noastre ne ajută în a ne asigura că vom suferi datorită Evangheliei și nu atâta datorită faptului că am luat noi niște decizii înțelepte sau că am ofensat sau jignit pe cineva, și nu trebuia să facem asta. Suferința cauzată de propovăduirea Evangheliei de către noi poate aprofunda credința noastră atunci când noi ne uităm la Mântuitorul nostru care a suferit.

UN AVERTISMENT ȘI O ÎNCURAJARE

Aș vrea să aduc aici un cuvânt de avertizare: pe măsură ce vei înainta în evanghelizare și o vei considera parte din ucenicizarea ta, fii atent la programele evanghelistice. Am descris evanghelizarea ca fiind nevoie să fie „naturală și normală". Când facem acest lucru doar pentru că participăm la un program, atunci nu ne conformăm felului în care Scriptura descrie evanghelizarea în viața credincioșilor. Tratarea evanghelizării ca pe un program poate să o separe de ucenicizare și de viețile noastre zilnice.

Roțile de sprijin vor trebui la un moment dat scoase de la bicicletele copiilor noștri. În același fel, programele sunt bune atâta vreme cât le considerăm forme sau structuri care vor ajunge în final să fie eliminate în favoarea unei integrări naturale și normale a Evanghelizării în viețile noastre zilnice.

În final, cea mai mare încurajare pentru congregația ta și pentru prietenii tăi creștini de a vă implica în mod activ în mărturisirea credinței este ca păstorul senior și prezbiterii să fie văzuți și auziți mărturisindu-și credința. Oamenii vor învăța cel mai bine din lucrurile față de care te văd cel mai pasionat. Dacă tu, ca păstor, ești pasionat de mărturisirea credinței tale, congregația va învăța să fie și ea pasionată. Astfel, membrii ei vor crește ca ucenici ai lui Isus, făcând acest lucru ei înșiși.

Isus le-a spus ucenicilor Lui în Marea Trimitere: „faceți ucenici ... învățați-i să păzească tot ce v-am poruncit" (Matei 28:19-20). Atunci când facem ucenici, haideți să ne asigurăm că urmăm exemplul lui Isus și că suntem modele în practică și învățătură, învățându-i tot ceea ce El ne-a poruncit – inclusiv marea bucurie și binecuvântare a unei vieți îmbibată în evanghelizare.

DESPRE AUTOR:

Brian Parks este vicepreședintele GDS Knowledge Consultants și unul dintre prezbiterii de la Redeemer Church din Dubai. Brian are peste 20 de ani de experiență în lucrarea cu studenții.

DACĂ TE AFLI ÎN COMUNITĂȚI SĂRACE, MAI CONTEAZĂ DOCTRINA?

Mike McKinley

În urmă cu câțiva ani mă aflam (eu, Mike) la o cafea cu un vechi prieten de facultate și îl ascultam cum îmi explica faptul că perspectiva lui de lucrare s-a schimbat de când am fost studenți. El conducea acum lucrarea cu studenții de la câteva campusuri universitare locale, și îmi explica faptul că decizia lor era una de a nu mai fi atât de „concentrați" pe Cruce, așa cum spunea el, așa cum fuseseră în urmă cu 15 ani: „vezi tu, Mike, noi preferăm să nu mai fim atât de... doctrinari. Crucea este importantă, evident. Dar nu vrem să rămânem în înțepeniți în argumentele din secolul al XVI-lea cu privire la ispășire. La urma urmei, Isus a folosit o multitudine de imagini pentru a descrie mântuirea Lui, lucruri asemenea seminței de muștar care crește. Noi vrem să răspândim Împărăția lui Dumnezeu prin a le proclama Vestea Bună celor săraci și libertatea celor înrobiți. Există o lucrare bună ce trebuie făcută, așa că nu vrem să rămânem înțepeniți în teologie."

Dacă lăsăm deoparte pentru o clipă incertitudinea legată de faptul că apostolul Pavel ar putea sau nu să fie de acord cu prioritățile prietenului meu (întrucât el le-a spus corintenilor că nu voia să știe nimic altceva printre ei decât ca Împărăția lui Dumnezeu să se răspândească asemenea semințe de muștar... o, stai un pic, nu-i chiar așa [1 Cor. 2:2]), cum rămâne cu ideea lui mai largă? Perspectiva lui nu este lipsită de importanță.

Să zicem, de dragul ilustrației, că te afli pe un vapor care navighează către un oraș de departe pentru a-i avertiza pe oameni cu privire la o catastrofă iminentă. Dacă nu ajungi acolo la timp, toți vor muri. Nu mai este nevoie să spun că vei dori să ambalezi motorul ambarcațiunii tale așa încât să navigheze cu cea mai mare viteză. Vei evita orice fel de încărcare excesivă care ar putea să încetinească viteza de deplasare. Nu vei dori să irosești niciun moment preocupându-te de lustruirea lucrurilor de pe vapor. Urgența misiunii tale îți cere să operezi cu eficiență și claritate.

Oameni asemenea prietenului meu susțin că urgența misiunii creștine ne solicită să aruncăm peste bord vâslele teologice și să mai ciuntim din greutatea preciziei doctrinare. O astfel de încărcătură, zic ei, nu face decât să aducă lupte și conflicte între oamenii care, altfel, ar trebui să lucreze cot la cot. Dacă lumea asta suferă, dacă săracii sunt oprimați, dacă robii sunt încă în captivitate, de ce să scriem cărți și să ținem conferințe pentru a argumenta în ce privește sensul câtorva cuvinte?

Există o idee legitimă aici. Biserica s-ar descurca mai bine dacă cei ce sunt creștini și-ar cheltui mai puțin timp înroșind internetul cu teme precum infralapsarianismul și, în schimb, ar folosi mai mult din acest timp vorbindu-le vecinilor lor despre Isus. Totuși, asta nu înseamnă că bisericile care caută să răspundă nevoilor celor săraci și oropsiți ar trebui să ciuntească din convingerile și conversațiile lor pe teme teologice.

Doctrina nu este bagajul de pe un vapor. Ea este motorul și cârma ambarcațiunii. Doctrina unei biserici determină natura și calitatea mărturiei. Teologia ei creionează și modelează obiectivele ei și calea prin care caută să le atingă.

Așadar, întrebarea este următoarea: necesită lucrarea de facere a ucenicilor ca bisericile să cunoască și să predice teologie? Putem atinge aceste obiective gemene pur și simplu prin a demonstra dragostea lui Hristos și prin a ne strădui să revitalizăm comunitățile noastre prin acte de slujire socială? Cu siguranță că pare puțin probabil.

În schimb, ceea ce vedem în Noul Testament este că teologia este esențială pentru orice aspect al vieții de biserică. Haideți să luăm în considerare două dintre acestea: *mântuirea* și *sfințirea*.

MÂNTUIREA CERE DOCTRINĂ

Criticii necesității doctrinare remarcă uneori cu oarecare sarcasm faptul că este evident că Dumnezeu nu le deschide mințile oamenilor în ultima zi pentru a Se asigura de faptul că formulele doctrinare corecte se află în interiorul acestora. Nu, probabil că nu se va întâmpla asta. Cu toate acestea, El îi va întreba pe oameni ceva de genul: „v-ați pus încrederea în Mine, adică în Mine, cel adevărat și real, nu într-o versiune contrafăcută a Mea?" Cu alte cuvinte, Dumnezeu este foarte interesat ca noi să ne punem credința în anumite adevăruri, pentru că, din perspectiva lui Dumnezeu, adevărul doctrinar este adevăr cu implicații la nivel personal.

Pentru a experimenta mântuirea pe care Hristos o oferă, o persoană trebuie să creadă și să-și pună încrederea în adevăruri reale în legătură cu un Dumnezeu real. Dacă cineva nu și-a întors întreaga inimă față de Dumnezeu și nu și-a pus toată încrederea în El, acea persoană nu poate fi mântuită (Rom. 10:13-17). Doctrina este necesară pentru mântuire!

Iată de ce, atunci când apostolii au progresat în lucrare, făcând ucenici, ei nu s-au rușinat și n-au făcut pasul înapoi în predicarea mesajelor doctrinare. Priviți la mulțimea subiectelor doctrinare pe care ei și alții le-au prezentat înaintea mulțimilor de necredincioși în cartea Faptelor Apostolilor:

- Duhul Sfânt (2:14–21)
- Providența suverană a lui Dumnezeu (2:23; 17:26)
- Învierea lui Hristos (2:24–32; 3:15)
- Răstignirea lui Hristos (8:32–35; 13:28–29)
- Modalitatea în care Vechiul Testament ne îndreaptă privirile către Isus (3:22–24; 7:2–53; 28:23)
- Realitatea judecății viitoare (10:42; 17:31; 24:25)
- Exclusivitatea lui Hristos ca Mântuitor (4:12; 19:26)
- Dumnezeu în calitate de Creator (14:15–17; 17:24)
- Suficiența de Sine a lui Dumnezeu (17:24–25)
- Împărăția lui Dumnezeu (19:8; 28:23).

Apostolii au înțeles că, pentru ca necredincioșii să vină la pocăință și la credința în Hristos, ei aveau nevoie să înțeleagă anumite adevăruri despre Dumnezeu și despre mântuirea pe care El o oferă prin Hristos.

În fapt, când Isus Și-a făcut apariția înaintea lui Pavel, într-un vis, pe când acesta era descurajat și deznădăjduit, El i-a spus: „Îndrăznește, Pavele; căci, după cum ai mărturisit despre Mine în Ierusalim, tot așa trebuie să mărturisești și în Roma" (F.A. 23:11). Isus a însumat întreaga lucrare evanghelistică a lui Pavel, atât către Evrei cât și către Neamuri, prin a spune că el avea să aducă mărturie cu privire la anumite *realități* despre Isus. Și exact asta a făcut Pavel. El a mers din cetate în cetate, prezentând realități despre cine era Isus și ce anume a făcut El.

Este dificil să împăcăm această imagine a lucrării evanghelistice a Bisericii cu pretenția că mărturia noastră ar trebui să fie motivată în primul rând de acte de dragoste și milostenie față de cei nevoiași. Realitatea este că lumea poate să-i vadă pe creștini 1000 de ani la rând oferind o supă sau vopsind un perete murdar de grafitti, dar nu va ajunge vreodată la concluzia că Isus a murit pentru păcatele lor și că a înviat. Va trebui să ne deschidem gurile și să verbalizăm conținutul Evangheliei înaintea lumii, altfel nimeni nu va fi mântuit.

SFINȚIREA NECESITĂ DOCTRINĂ

Unii ar putea să fie ispitiți să creadă că o persoană are nevoie de o cantitate elementară de doctrină pentru a deveni creștin, dar că „majoritatea doctrinei" nu este necesară pentru a crește, odată ce ai devenit creștin. Dimpotrivă, noi trebuie să ne apucăm de lucrarea de a trăi asemenea lui Isus în comunitățile noastre. Cel puțin așa zic ei.

Totuşi, se pare că autorii Scripturii nu împărtăşesc aceeaşi perspectivă. Biblia ancorează în mod repetat acţiunile, comportamentele şi atitudinile corecte ale copiilor lui Dumnezeu în doctrina sănătoasă.

Iată următoarele exemple:

- *Cele 10 Porunci.* Acestea sunt un fel de bunic al tuturor celorlalte - cea mai importantă listă care descrie felul de a trăi. Totuşi, ce anume vine chiar înainte de aceste învăţături despre trăirea evlavioasă? O piesă de teologie: „Eu sunt Domnul, Dumnezeul tău, care te-a scos din ţara Egiptului, din casa robiei" (Exod 20:2). De ce trebuiau evreii să nu aibă alţi dumnezei? Pentru că Domnul îi eliberase din sclavie.
- *Iubeşte-ţi vrăjmaşii.* Iată o poruncă ce face ca transformarea produsă de Evanghelia noastră să curgă din noi către ceilalţi. Dar observaţi că Isus înrădăcinează o dragoste activă în acest fel în teologie: „Iubiţi pe vrăjmaşii voştri, binecuvântaţi pe cei ce vă blestemă, faceţi bine celor ce vă urăsc, şi rugaţi-vă pentru cei ce vă asupresc şi vă prigonesc, ca să fiţi fii ai Tatălui vostru care este în ceruri; căci El face să răsară soarele Său peste cei răi şi peste cei buni, şi dă ploaie peste cei drepţi şi peste cei nedrepţi" (Matei 5:44-45). De ce să ne iubim vrăjmaşii? Pentru că Dumnezeu, Tatăl nostru, este un Dumnezeu care Şi-a iubit vrăjmaşii!
- *Fii sfânt.* Creştinilor li se cere să fie sfinţi. De ce? Din nou, unul dintre apostoli ne conduce la doctrină: „Ca nişte copii ascultători, nu vă lăsaţi târâţi în poftele, pe care le aveaţi altădată, când eraţi în neştiinţă. Ci, după cum Cel ce v-a chemat este sfânt, fiţi şi voi sfinţi în toată purtarea voastră" (1 Petru 1:14-15). Noi nu ne conformăm patimilor care anterior ne stăpâneau, tocmai datorită sfinţeniei lui Dumnezeu.
- *Epistolele lui Pavel.* În final, structura epistolelor lui Pavel înrădăcinează poruncile în adevăruri doctrinare. Pavel doreşte ca destinatarii scrisorilor lui să-şi aducă trupurile ca jertfe vii (Rom. 12:1), să se îmbrace cu făptura cea nouă (Efes. 4:24) şi să umble în Hristos Isus (Col. 2:6). Totuşi, astfel de porunci vin doar după discuţii îndelungi pe teme doctrinare. Pavel educă aceste biserici în lucruri precum justificarea şi glorificarea, tipologia şi reprezentarea federală (Rom. 5:12-17; 8:30), alegerea şi predestinarea (Efes. 1:4-6), depravarea omului (Efes. 2:1-3) şi teologia despre Hristos (Col. 1:15-20).

Ascultarea creştină, inclusiv ajutorarea jertfitoare a celor nevoiaşi, trebuie să fie ancorate şi motivate de caracterul şi acţiunile lui Dumnezeu. Îndepărtează acea ancoră, şi ai putea rămâne câtva timp în acelaşi loc, dar în curând vântul şi valurile te vor îndepărta de la ţărm. Nu după mult timp, o astfel de acţiune jertfitoare se va opri.

Cu cât cunoaştem mai multe despre Dumnezeu, cu atât mai mult vom fi îndreptaţi către ascultare. Câţi oameni s-au rugat într-o biserică sau într-un centru de misiune, dar n-au făcut niciodată un pas înainte, pentru că ei n-au fost învăţaţi şi n-au primit acea carne reală, doctrinară, a credinţei? Oare câţi creştini sunt blocaţi în feluri de viaţă egoiste, în lenevie şi păcat, pentru că ei n-au fost provocaţi să ia în considerare caracterul lui Dumnezeu şi implicaţiile acestuia pentru vieţile lor?

DAR, AŞTEAPTĂ UN PIC...

Una dintre obiecţiile pe care o aud din când în când este că, în mod obişnuit, comunităţile mai sărace au mai puţin acces la educaţie de calitate, ceea ce înseamnă că oamenii din acele comunităţi nu deţin instrumentele necesare pentru a învăţa şi pentru a asimila doctrina. Dacă oamenii nu trăiesc într-un mediu în care citirea şi studiul sunt parte din viaţa normală, sau dacă analfabetismul este răspândit, nu poţi să îi înveţi concepte teologice complicate. Dacă vei încerca asta, cuvintele tale vor zbura peste capetele lor, iar oamenii îşi vor pierde interesul.

Onest vorbind, astfel de atitudini mă şochează şi le consider paternaliste şi condescendente. Oamenii săraci sunt săraci, dar nu sunt proşti. Ei sunt la fel de capabili să înțeleagă caracterul și căile lui Dumnezeu, ca orice altă persoană. Pavel nu și-a scris epistolele către oameni de la facultate sau de la seminarul teologic. Cititorii lui nu se aflau în general printre cei bogați, privilegiați sau cu educație aleasă. Mai apoi, evreii care au părăsit Egiptul n-aveau titluri academice în teologie, dar Dumnezeu n-a ezitat să le prezinte tot felul de lucruri profunde și complicate despre Sine.

Oamenii săraci pot să înțeleagă adevăruri profunde. Am văzut acest lucru demonstrat în biserica în care eu slujesc în Statele Unite, și am văzut același lucru în circumstanța socială în care Mez slujește, în Edinburgh.

Gândește-te la Gordon. Este un bărbat puțin peste 40 de ani. El nu și-a terminat niciodată liceul și n-a citit niciodată vreo carte în viața lui, înainte de convertire. N-a avut niciun fel de experiență anterioară legată de biserică sau de creștinism. El putea citi, dar doar la nivelul care îi permitea să răsfoiască un ziar. Când Gordon a venit pentru prima dată la biserica lui Mez, el spunea că învățătura i se părea peste nivelul lui. Îl voi lăsa să explice acest lucru cu propriile cuvinte:

> *Înainte de a fi mântuit, nu puteam înțelege ce scrie în Biblie. Acum, este ca și cum văd numele meu scris peste tot și mă atrage către ea. Eu cred că aceasta este lucrarea Duhului Sfânt. Mă regăsesc gândindu-mă la întrebări profunde ale vieții într-o modalitate în care nu m-am gândit niciodată până acum. Vreau să citesc în orice clipă liberă pe care o am. Chiar dacă m-am pierdut cândva în noianul termenilor teologici deosebiți, am fost hotărât să vreau să îi înțeleg. Voiam să-L iubesc pe Dumnezeu mai mult. Voiam să-L cunosc mai mult. Ceea ce m-a ajutat a fost că am avut în jurul meu oameni buni, care mi-au explicat totul fără a se lăuda față de mine. La școală, dacă un lucru mi se părea dificil, pur și simplu renunțam. Acum, chiar dacă a învăța unele lucruri de acest gen îmi forțează mintea, am învățat să perseverez și să am răbdare cu mine însumi.*

Înainte de a avea credință în Hristos, Gordon nu putea nici măcar să reziste la o slujbă cu normă întreagă. El era dependent de droguri grele și trăia o viață haotică. Spunea că nu putea să stea liniștit nici măcar două minute. Acum, el stă așezat și ascultă o predică de 40 de minute fără să se streseze câtuși de puțin, și îi place studiul Scripturii oridecâteori se ivește oportunitatea.

Nu ar trebui să îi scurtcircuitezi pe oameni doar pentru că ei nu sunt educați sau nu au citit suficient. Da, va trebui să îți ajustezi metodele pedagogice dacă lucrezi cu oameni care sunt complet analfabeți sau care au probleme mentale. Cu toate acestea, toți învățătorii buni își ajustează materialul pe care îl predau la nivelul celor care îi ascultă. Experiența noastră ne arată faptul că n-am ajuns încă la un subiect doctrinar care să fie pur și simplu prea complicat pentru ca oamenii mai săraci să nu îl înțeleagă. Dacă predici doctrina în mod clar și o faci bine, bazându-te pe lucrarea Duhului Sfânt, poporul lui Dumnezeu va dori să o asimileze și să crească în felul acesta.

ÎNCHEIERE

Împiedică oare cu ceva dedicarea față de învățătură și credința în doctrină răspândirea Evangheliei în locurile dificile? Deloc. De fapt, trimiterea noastră de a face ucenici și de a-i învăța să asculte de Domnul Isus Hristos nu poate fi împlinită fără o astfel de dedicare. Nu este suficient să demonstrăm dragostea lui Isus față de o comunitate aflată în nevoie doar prin acte de caritate socială. Nu este suficient să lucrăm din greu pentru a vedea structurile sociale revitalizate și reparate. Trebuie să verbalizăm adevărurile reale ale Evangheliei, altfel ne vom aduce glorie în nouă înșine, iar pe oameni îi vom abandona în păcatul și vinovăția lor.

DESPRE AUTOR:

Mike McKinley este autor creștin și păstorul Sterling Park Baptist Church din Sterling, Virginia.

Nota editorului: acest articol constituie un fragment adaptat din cartea scrisă de Mike și Mez, intitulată *Church in Hard Places* ©2016. Folosit cu permisiunea Crossway, o lucrare publicistică a Good News Publishers, Wheaton, IL 60187, www.crossway.org.

CÂND TE OPREȘTI DIN CONSILIERE?

Deepak Reju

Ca păstor sau consilier, cum ştii când trebuie să te opreşti din consiliere? Atunci când încerci să decizi dacă să pui sau nu capăt consilierii, probabil că vei fi conştient, cu un sentiment de oarecare nelinişte, că problema nici măcar nu ajuns să fie rezolvată. Vei simţi nevoia de mai multă creştere sau să vezi dorinţa persoanei respective de a continua consilierea cu regularitate. Dar acestea nu sunt motive adecvate pentru a perpetua şedinţele de consiliere. Momentul încheierii consilierii este întotdeauna o chemare la o judecată înţeleaptă, care necesită multă înţelepciune. Decizia de a pune capăt procesului de consiliere este uneori clară, dar foarte adesea lucrurile nu stau chiar aşa.

Cel mai bine este să te gândeşti la decizia de a pune capăt consilierii având în vedere câteva criterii clare. Iată doi indicatori pozitivi şi patru alţi indicatori mai puţin atractivi.

1. Persoana înţelege problema cu care se confruntă şi este echipată să o rezolve.

Cel mai bun indicator în favoarea încheierii consilierii este când persoana a fost echipată adecvat pentru a răspunde cu credinţă la problemele ei şi demonstrează o atitudine consecventă în a face acest lucru. Simptomele s-au uşurat: depresia nu mai este atât de rea pe cât era; soţul şi soţia s-au împăcat şi şi-au reconstruit încrederea reciprocă; tânărul prins în pornografie a manifestat o înfrânare considerabilă în ce priveşte păcatul său sexual. Presiunea problemei iniţiale nu mai produce dezastru în vieţile lor. Dintr-o dată, ei nu mai simt nevoia de a se întâlni cu tine. Pe de altă parte, indiferent cât de mult i-ai iubi, nici tu nu mai simţi nevoia de a te întâlni cu ei.

2. În decursul consilierii, intervine grija unei alte persoane care se descurcă mult mai eficient.

Dacă lucrarea de consiliere are loc în contextul bisericii locale, vei fi în situaţii în care vei putea folosi alte cupluri sau alte persoane care pot veni alături de cel consiliat. Adesea, aceste persoane pot deveni mai eficiente decât tine în tratarea problemei din inima celui consiliat. Acest lucru nu este şi nu trebuie văzut ca pe o ameninţare la adresa poziţiei tale ca păstor sau consilier, ci mai degrabă ca pe un semn că biserica funcţionează bine. Ar trebui să fii foarte bucuros să vezi că alţii demonstrează o îndemânare sau au o perspectivă la care tu nu te gândeai. Dacă acesta este cazul, poate fi cel mai bun moment ca persoana pe care o consiliai să treacă în grija altora.

Din nefericire, nu toate relaţiile de consiliere se încheie cu o concluzie pozitivă. Uneori, există motive care conduc la tranziţia către alţi consilieri sau către un alt fel de terapie.

3. Lucrurile nu par să se schimbe deloc.

Tu ai încercat să ajuţi pentru o vreme, dar lucrurile pur şi simplu nu par să meargă în vreo direcţie anume. Cel puţin în aparenţă, persoana consiliată s-a străduit să facă schimbări, dar problema iniţială continuă să lovească la fel de puternic. Poate chiar cu putere mai mare. Acest lucru poate fi produs de lipsa de îndemânare sau de înţelegere a situaţiei din partea ta, sau poate fi pur şi simplu rezultatul împietrii inimii, a ignoranţei sau a altor factori din partea celui consiliat. În mod uzual, cauza constă dintr-o combinaţie a acestor factori. Esenţa este că nimic nu pare să producă vreo schimbare. Acesta este un moment bun să te gândeşti că ar fi poate mai nimerit să îndrepţi persoana către altcineva.

4. Persoană consiliată nu pare interesată să coopereze.

Te vei afla în situaţii şi circumstanţe de consiliere când persoanele cu care vei avea de-a face vor folosi, în esenţă, timpul alocat şedinţelor de consiliere pentru a-şi revărsa furia, pentru a se plânge sau pentru a bârfi. Dar atunci când intervine lucrarea grea a studierii Scripturii, a cercetării motivelor inimii, a confruntării păcatelor sau a se confrunta cu propriile greşeli, astfel de persoane pur şi simplu nu vor să facă aşa ceva. Aceşti oameni se aşteaptă întotdeauna ca tu să faci ridicarea poverii în locul lor. Totuşi, noi nu îi slujim pe oameni prin a ne complace în sentimentul lor de „a face ceva" pentru problema lor prin a veni la consiliere, atunci când ei refuză în fapt să facă vreun efort. Nu-i lăsa pe oameni să se amăgească singuri, imaginându-şi că fac ceva, când realitatea este cu totul alta. Dacă ei nu îşi fac temele şi nu sunt interesaţi să răspundă la întrebările pe care le-ai aşezat înaintea lor, consilierea trebuie să se încheie, şi asta spre binele lor.

5. Cel consiliat nu are încredere în tine.

Vor exista şi situaţii când greşelile tale vor fi dureros de evidente. Poate că ai stricat totul amestecându-te într-o problemă pe care n-ai înţeles-o sau răspunzând într-un fel în care ţi-ai exprimat frustrarea. Ai uitat de şedinţele planificate sau n-ai fost capabil să le potriveşti în calendarul tău într-un fel rezonabil. Ştii că două lucruri sunt valabile în ceea ce te priveşte: eşti păcătos şi eşti om. Esenţa este că persoana respectivă şi-a pierdut încrederea în tine – fie din vina ta, fie datorită unor aşteptări nerealiste din partea ei. Indiferent care ar fi situaţia, oamenii nu vor asculta de sfaturile tale dacă nu au încredere în tine, şi este momentul să pui capăt consilierii. Dacă acea persoană nu este dornică să-şi pună încrederea în sfaturile altor persoane din biserică, atunci poate fi de asemenea momentul potrivit să îi recomanzi să se mute la o altă biserică.

6. Persoana consiliată are nevoie de mai mult ajutor decât îi poţi oferi tu.

Problema este suficient de acută încât are nevoie de mai mult timp sau de o expertiză mai vastă decât poţi oferi tu. Îţi doreşti să fi avut mai mult timp pe care să îl petreci cu acea persoană, dar achitarea de celelalte responsabilităţi ale tale ar fi imposibilă, întrucât acele persoane au nevoie de mai mult decât o simplă conversaţie de o oră pe săptămână. De exemplu, dependenţa de droguri poate deveni atât de greu de controlat, încât cei care se luptă cu ea pot avea nevoie de intervenţii zilnice. Tu îţi doreşti să fi avut mai multă îndemânare pentru a cunoaşte contururile unei probleme specifice, dar nu ai nici îndemânare, nici abilitatea de a pătrunde în specificităţile problemei, sau timpul necesar pentru a rezolva o situaţie atât de complexă. Ţine minte că limita lucrurilor pe care le poţi rezolva şi gestiona este mai departe decât poţi conştientiza tu. În acelaşi timp, vom fi nevoiţi să recunoaştem că anumite probleme pot deveni atât de complexe spiritual sau fiziologic, încât va fi nevoie să apelăm la consilieri cu îndemânare mai mare. Obiectivul nu este să renunţi la aceste persoane, ci mai degrabă să capeţi ajutorul cel mai potrivit de care ei au nevoie.

Nu trebuie să percepi acest lucru ca pe un eşec, atunci când vei fi nevoit să recomanzi pe cineva din biserică, un alt păstor sau un alt credincios matur, sau chiar pe cineva din afara bisericii, cum ar fi un consilier sau un medic din comunitate. Uneori, cea mai bună modalitate de a ajuta persoanele consiliate înseamnă să te opreşti din a face tu lucrarea, pentru a putea îndrepta acea persoană în direcţia corectă – anume către cineva care poate să îi ofere timpul adecvat şi atenţia de care are nevoie.

Dacă situaţiei în care te găseşti i se aplică vreunul dintre aceşti indicatori, probabil că este momentul să pui capăt consilierii, cerându-i persoanei respective ultima întâlnire. Unii vor fi mai mult decât fericiţi să afle că s-a încheiat consilierea. Alţii vor da semne că devin un pic alarmaţi. În acest al doilea caz, o întâlnire finală li se pare ca un ucigaş. Ei doresc ca şedinţele de consiliere să dureze mai mult decât este necesar, probabil chiar vor aduce argumente înaintea ta, încercând să te convingă că au nevoie de mai mult ajutor sau pe termen mai lung. Dacă tu, în înţelepciunea ta, dar nu în nerăbdarea ta, ai concluzionat că lucrurile ar trebui să se încheie, atunci manifestă har și rămâi pe această direcție, încheind relația de consiliere. Nu lăsa ca presiunile și capcanele unor oameni aparent peste măsură de nevoiași să stabilească direcția consilierii. Ascultă cu smerenie preocupările lor, roagă-te în acest sens, apoi hotărăște ce este cel mai bine.

DESPRE AUTOR:

Deepak Reju este păstor asociat la Capitol Hill Baptist Church din Washington, D.C. El are un doctorat în consiliere biblică la Southern Baptist Theological Seminary.

Nota editorului: acest articol constituie un fragment din cartea lui Jeremy Pierre și Deepak Reju, *The Pastor and Counseling: The Basics of Shepherding Members in Need* (Crossway, 2014).

DE CE ESTE COMPLEMENTARIANISMUL CRUCIAL PENTRU UCENICIZARE

Jonathan D. Leeman

Complementarianismul este crucial pentru ucenicizarea creștină, pentru că păstorii și bisericile au nevoie să creioneze imagini diferite ale maturității creștine pentru bărbați respectiv pentru femei.

Este foarte ușor să greșim într-o direcție sau alta fie prin omogenizarea concepțiilor noastre privitoare la ucenicizare, fie prin accentuarea exagerată a diferențelor. Cu toate acestea, pentru a fi credincioși Scripturii în întregimea ei, o imagine corectă a maturității creștine ne va aduce înainte modele de maturitate masculină și feminină care sunt deopotrivă asemănătoare și diferite.

De exemplu, fiecare creștin – bărbat și femeie - trebuie să trăiască o viață de pocăință și credință. Fiecare creștin trebuie să crească în cunoștința lui Dumnezeu și în asemănarea cu Hristos. Fiecare creștin trebuie să se alăture părtășiei credincioșilor. Dar dacă aceasta este tot ce ne învață despre maturitate creștină clasele noastre de școală duminicală pentru copii, studiile biblice din case și predicile săptămânale, atunci, în mod implicit, am eliminat diferențele pe care Dumnezeu a intenționat să le lase între bărbați și femei și, în felul acesta, am ilustrat greșit ce înseamnă maturitatea.

Există trei lucruri necesare pentru a îndrepta ucenicizarea către o direcție complementarianistă – și, cred eu, biblică: (i) o perspectivă teologică a felului în care bărbatul creștin matur arată diferit de femeia creștină matură; (ii) exemple de bărbăție respectiv feminitate evlavioasă în bisericile noastre; și (iii) strategii pastorale care să ajute la îndreptarea bisericii în această direcție. În cele ce urmează, voi aloca puțin timp detalierii fiecăreia dintre aceste direcții. Sper că alții vor fi inspirați să facă o lucrare de analiză mai profundă. Iată câteva gânduri pentru început.

PERSPECTIVA TEOLOGICĂ ȘI TEMELE DISTINCTE

Totul începe cu o perspectivă teologică complementarianistă asupra ucenicizării.

În domeniul căsniciei, există ceea ce prezbiterii bisericii mele le spun cuplurilor în consilierea premaritală: potrivit cu Geneza 1, atât bărbatul cât și femeia trebuie să se concentreze pe a ilustra domnia și stăpânirea lui Dumnezeu asupra pământului. Totuși, conform cu Geneza 2, fiecare dintre ei are căi diferite de a face acest lucru. Bărbatul este orientat către grădină, în timp ce femeia este orientată către bărbat și către a fi un ajutor potrivit pentru el. Ea trebuie să-și folosească întregul pachet de daruri și talente pentru a promova lucrarea administrării pe care el trebuie să o facă. El, în schimb, trebuie să folosească darurile ei pentru a produce un efect maxim, nu să le îngroape în pământ, asemenea ispravnicului necredincios.

Este relativ ușor să vezi ce înseamnă acest lucru într-o căsnicie, unde există un bărbat și o femeie într-o relație structurată pe bază de autoritate. Dar ce înseamnă asta pentru o femeie necăsătorită din biserică, o soră care nu este chemată să se supună fiecărui bărbat așa cum o soție trebuie să facă față de soțul ei? Ce înseamnă asta pentru o femeie căsătorită la locul ei de muncă? Ce înseamnă pentru un bărbat căsătorit în relația cu alte femei din biserică, de la serviciu sau din viața publică?

Ei bine, acestea sunt acele întrebări pe care un bărbat creştin matur le foloseşte pentru a-l ajuta pe un bărbat mai tânăr, şi la fel se aplică în cazul femeilor. Acestea sunt întrebările care ar putea fi tratate în şcoala duminicală, în grupurile mici sau în studiile biblice inductive de la biserică.

Pentru a hrăni o „perspectivă teologică" a masculinităţii şi feminităţii, avem nevoie să privim la felul în care Geneza 2 ar putea să fie conectată cu alte pasaje ale Scripturii pentru a vedea elementele distinctive din spaţiul familiei, din spaţiul slujbei sau din spaţiul bisericii ori chiar al vieţii publice. Apoi, trebuie să-i ajutăm pe credincioşii noştri să trăiască vieţi creştine *masculine* sau *feminine* în acele diferite domenii ale vieţii – nu doar în viaţa creştină în mod generic

EXEMPLUL UNUI DOMENIU: BISERICA LOCALĂ

În biserica locală, de exemplu, masculinitatea pare să fie legată de învăţarea din Cuvânt. Fiecare bărbat creştin trebuie, de aceea, să fie pregătit să manifeste un interes special în a-şi însuşi învăţătura Cuvântului şi în a promova această lucrare. Nu fiecare bărbat are darul învăţării în biserică, dar fiecare bărbat trebuie să se echipeze pe sine pentru a da învăţătură din Cuvânt într-o anume sferă a existenţei sale, cum ar fi propria familie. Fiecare bărbat are un anumit dar, cum ar fi darul administrării sau darul legării de relaţii, pe care îl poate folosi pentru a promova lucrarea Cuvântului în biserică.

În locul unei biserici plină de bărbaţi pasivi, care îşi înghesuie repede familiile în maşină când se încheie slujba, imaginează-ţi o biserică plină de bărbaţi încărcându-şi bateriile teologice pentru a promova lucrarea Cuvântului. Imaginează-ţi bărbaţii făcând acest lucru la amvon, în lucrarea muzicală, în lucrarea cu copiii, în evenimentele de după slujba bisericii, în lucrarea evanghelistică şi în relaţiile cu cei din afara bisericii. Îndrăznesc să spun că *aceea* va fi o biserică în care va fi mai uşor pentru o femeie evlavioasă să fie o femeie evlavioasă.

În multe cazuri, femeile se află în circumstanţa de a lua iniţiativa şi de a prelua conducerea în biserici, pentru că bărbaţii ratează să facă acest lucru. Totuşi, în măsura în care bărbaţii lucrează din greu în grădina bisericii, semănând sămânţa şi arând terenul, femeile creştine au din plin ce să lucreze ajutându-i pe aceşti bărbaţi. Ele fac acest lucru urmând exemplul conducerii unor bărbaţi vrednici, prin înaintarea lucrării Cuvântului în domenii în care poate fi mai dificil pentru bărbaţi să călătorească, cum ar fi copiii sau femeile mai tinere.

Observaţi că am oferit un exemplu al felului în care masculinitatea şi feminitatea biblică arată diferit într-un anume domeniu al vieţii – biserica locală. Din acest motiv, ucenicizarea credincioşilor tineri pentru a se implica în biserica locală n-ar trebui să fie unisex. Da, există elemente comune: toţi trebuie să fie interesaţi de promovarea lucrării Cuvântului. Dar există şi elemente care ne arată diferenţele: bărbaţii trebuie să fie învăţaţi să preia iniţiativa şi conducerea, în timp ce femeile trebuie să fie învăţate să faciliteze, să încurajeze şi să ajute.

În orice domeniu – şi cred că este corect să putem generaliza aici – femeile vor fi mai în măsură să manifeste feminitatea evlavioasă când sunt înconjurate de bărbaţi care manifestă şi caută masculinitatea evlavioasă. Când femeile nu fac acest lucru, foarte adesea bărbaţii nu au pe cine să dea vina decât pe ei înşişi.

STRATEGIA PASTORALĂ

Trecând de la perspectiva teologică la strategia pastorală pentru ucenicizare, liderii bisericii ar trebui să dea învăţătură cu privire la aceste imagini diferite ale maturităţii în programele de copii şi tineret, în lucrările cu bărbaţii şi cu femeile, şi în lucrarea obişnuită a Cuvântului, de la amvon. Darea de învăţătură de regulă are loc într-o mulţime de circumstanţe din viaţa bisericii, şi merită să le analizăm pe rând. Este oare învăţătura din fiecare domeniu uniformă şi unisex, sau sunt promovate diferenţele biblice?

În plus faţă de darea de învăţătură, liderii bisericii ar trebui să promoveze exemple bune ale masculinităţii şi feminităţii biblice în turma lor. Ce fel de bărbaţi sunt recunoscuţi ca prezbiteri? Ce fel de femei sunt recunoscute public în rugăciune? Care sunt bărbaţii şi femeile care sunt puşi în faţă la grupul de tineri?

Mult prea adesea, discuţia despre complementarianism se împotmoleşte la graniţele ei. De exemplu, oamenii ajung să se certe pe chestiuni precum posibilitatea sau corectitudinea situației când femei adulte ar putea să le dea învățătură unor băieți de liceu. Care este limita, se întreabă ei? Totuși, atunci când ne concentrăm pe granițele aceea ce este licit sau nu, ne aflăm într-o situație asemănătoare unui cuplu care își tot dă întâlnire și care se întreabă: „Până unde putem merge în relația noastră fizică? Ne putem ține de mână? Putem să ne sărutăm?"

Există, evident, o legitimitate a acestui fel de întrebări, dar ceea ce avem nevoie mai înainte este o afirmație pozitivă legată de felul în care am putea să promovăm masculinitatea și feminitatea biblică printre tineri și tinere. În loc să se întrebe „cât de departe putem merge?", acel cuplu tânăr ar trebui să se întrebe ceva de genul „cum putem să ne slujim unul altuia și să ne pregătim mai bine pentru căsnicie?" În mod asemănător, în biserică ar trebui să ne întrebăm: „cum am putea să îi ajutăm mai bine pe acești tineri și tinere liceeni să devină oameni maturi?"

Haideți să încercăm din nou: Este corect ca femei adulte să le dea învățătură unor băieți de liceu? Ei bine, ca să fiu franc, nu sunt sută la sută sigur dacă este corect sau nu, dar știu sigur că vreau ca acei băieți de liceu să învețe ce înseamnă ca bărbații să ia inițiativa în biserică. De asemenea, vreau ca fetele de liceu să învețe ce înseamnă să iubească, să susțină și să ajute conducerea masculină în biserică. De aceea, voi fi foarte atent la modelele pe care le pun înaintea lor. În majoritatea circumstanțelor, mă voi îngriji să pun în față bărbați care iubesc Biblia, care iau inițiativa, care sunt adulți și maturi, și să îi pun să dea învățătură întregului grup, dar în același timp mă voi îngriji să avem femei mature care susțin și ajută acea lucrare.

COMPLEMENTARIANISMUL ȘI OBIECTIVUL UCENICIZĂRII

În general, complementarianismul este crucial pentru ucenicizarea creștină, pentru că îi oferă acesteia un obiectiv. Ca bărbat, vreau să-i ajut pe bărbații cu care petrec timpul să știe ce înseamnă să fie lideri și inițiatori, să aibă curaj, să fie protectori, să facă sacrificii pentru cei mai slabi decât ei, și așa mai departe. Pe de altă parte, soția mea dorește să le ajute pe femeile cu care își petrece timpul să cunoască ce înseamnă să fie un susținător, un ajutor, un facilitator, un sfătuitor, un fan, ocazional unul care aduce mustrarea, și așa mai departe.

Vreau să-i ajut pe bărbați să știe cum să facă acest lucru la biserică, acasă și în orice alt loc este potrivit. Soția mea vrea să ajute alte femei să cunoască cum să facă acest lucru la biserică, acasă, și în orice alt loc este adecvat.

Întrebările mai dificile vin abia după aceea: Cum trebuie să arate masculinitatea și feminitatea biblică în alte domenii ale vieții? Și ce trebuie să facem pentru a promova aceste modele prin ucenicizare?

COMPLEMENTARIANISMUL ȘI EVANGHELIA

Este oare sublinierea acestor diferențe atât de importantă? Da. Dumnezeu a subliniat aceste deosebiri în creație, din Geneza 2. De ce? Pentru ca întreaga creație să aibă o imagine a Evangheliei, despre care Pavel spune mai târziu că bărbații și soțiile o ilustrează în dragostea lor reciprocă (Efes. 5). Când o biserică susține și promovează modele de masculinitate și feminitate biblică, ea face ca Evanghelia să fie mai ușor de înțeles.

Fără astfel de modele, Evanghelia este pur și simplu mai greu de explicat, aproape ca în situația traducătorului Bibliei care vrea să Îl descrie pe Isus drept „Mielul" lui Dumnezeu unui trib din junglă care n-a auzit niciodată de existența oilor, a mieilor sau a jertfelor. Ne mai surprinde oare că diavolul, care urăște Evanghelia și care ar vrea să îi omogenizeze pe bărbați și femei, încețoșează astfel un set al imaginilor ce ar trebui să ilustreze Evanghelia?

Poți să îți susții credința în Evanghelie separat de o perspectivă complementarianistă asupra ucenicizării, dar viziunea ta asupra ei va lucra împotriva unei astfel de credințe, nu susținând-o.

DESPRE AUTOR:

Jonathan Leeman este directorul editorial al 9Marks și unul dintre prezbiterii de la Capitol Hill Baptist Church din Washington, D.C. Îl puteți găsi pe Twitter la adresa @JonathanDLeeman.

ESTE BIBLIA PREA COMPLICATĂ PENTRU CEI CE NU PREA POT SĂ O CITEASCĂ?

Andy Prime

Am învăţat să citesc cărţi pe când aveam vârsta de 18 sau 19 ani. Da, asta vreau să spun, anume să le citesc. Anterior, lecturile mele erau limitate la meniul de la restaurant şi rezultatele meciurilor de fotbal de la televizor. Apoi am citit această carte [Biblia, n.tr.] şi am descoperit că mi-a plăcut cu adevărat. Am început să mă gândesc că poate că această chestiune, lectura, nu este un lucru atât de rău.

Cineva mi-a dat în dar cu o cărticică scrisă de un individ foarte inteligent, pe nume John Owen, cunoscut şi pentru cizmele lui de piele înalte şi pentru că îşi dădea cu prea multă ceară în păr. Am devorat-o literalmente. După aceea, am vizitat o librărie creştină din zonă pentru a vedea dacă existau mai multe cărţi ale aceluiaşi autor. Am găsit una intitulată *The Death of Death in the Death of Christ,* aşa că am cumpărat-o şi am luat-o acasă.

Chiar pe prima pagină am citit următoarele:

> „Cititorule, dacă intenţionezi (nu era un punct de plecare foarte bun, căci cuvintele erau exprimate într-o limbă veche şi greu de înţeles) să mergi mai departe, te încurajez să te opreşti pentru o clipă. Dacă eşti cum sunt mulţi în această perioadă, care caută pur şi simplu titluri sau teme de care să fie atraşi, şi te-ai apropiat de cărţi aşa cum Cato a intrat în sala de teatru, ca să iasă de acolo neschimbat, distracţia ta s-a încheiat. La revedere!"

Dă-mi voie să parafrazez cuvintele de mai sus: „dacă, pe o scară de la idiot la profesor, te afli pe treapta idioţilor, atunci pune jos cu calm această carte, şi fă pasul înapoi". Prima pagină, primul paragraf, prima propoziţie, şi deja mi se spune: „Distracţia ta s-a încheiat. La revedere!" Am auzit vocea lui Owen vânându-mă parcă peste veacuri şi spunându-mi: *„Andy, renunţă! Nu există poze în această carte, este una dificilă, prea grea pentru tine, dincolo de capacitatea ta de a o înţelege. Întoarce-te la televizor".* Aşa că am închis cartea, şi n-am mai citit-o de atunci.

Dar iată întrebarea mea: Este acelaşi lucru aplicabil Bibliei? Este Biblia rezervată doar profesorilor, academicienilor şi deştepţilor lumii acesteia? Este ea doar pentru John Owen dar nu şi pentru Andy Prime? Este ea rezervată doar predicatorilor, nu membrilor bisericii? Este ea accesibilă doar celor din clasa de mijloc? Poate avea ea un mesaj şi pentru nevoiaşii din vecinătatea mea sau pentru analfabeţii din vecinătatea ta? Este oare prea dificilă? Este Biblia dincolo de abilitatea de a fi înţeleasă de oamenii normali, aşa încât doar câţiva mai pricepuţi să o înţeleagă?

CUVÂNTUL VIEȚII

Ascultaţi cuvântul Domnului din Deuteronom 30:14 — cuvântul vieţii „este foarte aproape de tine..."

Aici, în Deuteronom, Moise stă înaintea poporului lui Dumnezeu, trăgând o gură mare de aer după trei predici mamut. Nu încape îndoială că oamenii suferă după atâta predicare. Dar observaţi că Moise îşi finalizează predicile într-o culme care conţine patru negaţii, în 30:11-14. Cuvântul vieţii

- nu este prea dificil.
- nu este departe de tine.
- nu se află încuiat în ceruri.
- nu este dincolo de mări.

Ceea ce Dumnezeu spune în Cuvântul Lui este că acesta nu este prea complicat pentru ca tu să îl înţelegi. El nu este inaccesibil, nu este lipsit de caracter practic, nu este imposibil de înţeles, nu este doar pentru nişte elite, şi nu este nicidecum doar pentru preotul sau păstorul tău. Cunoaşterea lui Dumnezeu şi înţelegerea Cuvântului Lui nu trebuie să fie un fel de efort spiritual supraomenesc. Sensul Cuvântului Lui nu este ascuns pentru majoritatea oamenilor, aşa încât să fie descoperit doar de nişte somităţi sau de cei care citesc sute de cărţi.

Moise spune în 30:14: „cuvântul este foarte aproape de tine". Acea afirmaţie este la fel de simplă pe cât este de scurtă. Cuvântul lui Dumnezeu este cu adevărat clar, pentru că El l-a adus aproape de noi. L-a adus suficient de aproape pentru a-l vedea, suficient pentru a-l auzi, suficient pentru a-l atinge, suficient pentru a-l cunoaşte. Este „în gura ta şi în inima ta."

Nu este prima dată în cartea Deuteronom când vedem că se foloseşte limbajul „apropierii". Dacă ne întoarcem în Deuteronom 4:5-8, vom citi:

> „Iată, v-am învăţat legi şi porunci, cum mi-a poruncit Domnul, Dumnezeul meu, ca să le împliniţi în ţara pe care o veţi lua în stăpânire. Să le păziţi şi să le împliniţi; căci aceasta va fi înţelepciunea şi priceperea voastră înaintea popoarelor, care vor auzi vorbindu-se de toate aceste legi şi vor zice: „Acest neam mare este un popor cu totul înţelept şi priceput!" **Care este, în adevăr, neamul acela aşa de mare încât să fi avut pe dumnezeii lui aşa de aproape cum avem noi pe Domnul, Dumnezeul nostru, oridecâteori Îl chemăm?** Şi care este neamul acela aşa de mare încât să aibă legi şi porunci aşa de drepte, cum este toată legea aceasta pe care v-o pun astăzi înainte?"

Apropierea lui Dumnezeu de noi ne arată măreţia şi harul Lui. Dumnezeul infinit S-a făcut cunoscut unor oameni finiţi. Dumnezeul oricărei înţelepciuni i-a dat Legea Lui bună unui popor nebun. Dumnezeul universului transformă un popor mărunt, nesemnificativ, în acel popor care este invidiat de toate naţiunile. Un Dumnezeu sfânt se apropie de un popor păcătos.

Contextul cărţii Deuteronom ne arată că Moise cunoştea faptul că poporul avea să eşueze. Fără îndoială, era un lucru de aşteptat. Dar el avea să se întâmple nu pentru că ei nu puteau înţelege poruncile lui Dumnezeu, ci pentru că nu doreau să le împlinească. Totuşi, alături de această anticipare a eşecului, contextul ne arată şi formularea unei promisiuni. Deuteronom 30:6 spune, „Domnul, Dumnezeul tău, îţi va tăia împrejur inima ta şi inima seminţei tale, şi vei iubi pe Domnul Dumnezeul tău, din toată inima ta şi din tot sufletul tău, ca să trăieşti". Adevăratul răspuns faţă de Lege nu era pur şi simplu o ascultare de supraom. În schimb, viaţa era legată de încrederea în promisiunea lui Dumnezeu care avea în vedere viitorul. A alege viaţa însemna să ai încredere în faptul că Dumnezeu se apropiase prin promisiunile Lui.

CUVÂNTUL LUI HRISTOS

Dacă treci rapid prin paginile Bibliei tale, de-a lungul anilor istoriei mântuirii, vei vedea împlinirea acelei promisiuni în Romani 10. Aici îl descoperim pe Pavel întorcându-se la limbajul lui Moise pentru a sublinia o idee asemănătoare, dar care marchează un progres. De la claritatea cuvintelor lui Dumnezeu, el merge înainte către claritatea lui Hristos şi a mântuirii. Pavel citează Deuteronom 30 pentru a surprinde Evanghelia. Aşa cum a avea Legea în gura ta şi a o cunoaşte în inima ta nu era doar pentru un supraom în Deuteronom 30, nici mântuirea nu este doar pentru cei cu abilităţi supraomeneşti, în Romani 10.

Măreţia şi harul lui Dumnezeu se pot vedea în Cuvântul Lui pentru că, în Cuvânt, noi Îl vedem clar pe Mântuitorul, împlinirea promisiunilor din trecut ale lui Dumnezeu. În Romani 10, aparatul foto s-a focalizat în mod automat pe o claritate de înaltă rezoluţie asupra Domnului Isus. Nu trebuie să te duci până la cer pentru a-L cunoaşte pe Dumnezeu, pentru că Dumnezeu S-a coborât în persoana Fiului Său. Iată cât de aproape a venit El faţă de noi. Nu trebuie să te pogori în adâncimile pământului pentru a fi mântuit, pentru că Dumnezeu, în Isus Hristos, a pătruns El în mormânt pentru a învia, aducând astfel viaţa. Iată cât de clar a devenit mesajul lui Dumnezeu.

Esenţa mesajului lui Pavel este că mântuirea nu se găseşte în eforturile noastre zeloase de a păzi Legea. Acest lucru este prea dificil pentru noi. În schimb, ea se găseşte în harul Lui. Noi nu suntem nişte supraoameni – şi nici nu avem nevoie să fim aşa ceva. Dumnezeu s-a apropiat de noi prin acest Dumnezeu-Om, Isus,

Domnul. Acest Isus Hristos, care a ascultat atunci când tu te-ai răzvrătit, a murit blestemat prin neascultarea noastră, așa încât noi să putem trăi în binecuvântarea ascultării Lui. În El, mântuirea este adusă aproape, atât de aproape încât o putem atinge, și este accesibilă tuturor, fără deosebire. Importanța accesibilității Scripturii stă în claritatea Mântuitorului. Gloria clarității Scripturilor ține de apropierea Mântuitorului de noi.

DE CE ESTE IMPORTANT ACEST LUCRU?

De ce este importantă această doctrină în lucrare? Majoritatea oamenilor din vecinătatea ta ar putea să citească mai mult decât cei din zona mea. Cu toate acestea, unii oameni vor fi analfabeți. Când conștientizăm acest lucru, nu putem să ne izolăm de faptul că Dumnezeu S-a descoperit – perfect și în final, într-o carte.

Așadar, atunci când îi abordăm pe oamenii care au puțină experiență sau dorință de a citi, cei care nu știu nimic din Biblie sau nu au o dorință de a cunoaște ce spune ea, putem avea încredere totală că, atunci când vom deschide paginile ei, Dumnezeu va fi aproape și Isus va fi clar. Evident, vor exista lucruri pe care ei – și noi alături de ei – nu le vom putea înțelege pe deplin. Mărturisirea de Credință de la Westminster arată că „nu toate lucrurile din Scriptură sunt la fel de clare în ele însele", ceea ce este totuna cu a spune că anumite aspecte vor fi mai greu de înțeles decât altele. Chiar apostolul Petru admite că mare parte dintre scrierile lui Pavel sunt dificile, dar niciodată imposibile, niciodată dincolo de abilitatea de a fi deslușite.

De aceea, lucrarea noastră este lucrarea Cuvântului. Prin urmare, responsabilitatea și sarcina noastră este să predicăm și să proclamăm Cuvântul lui Dumnezeu așa încât El, prin Duhul Său Sfânt, va face ca ochii orbi să vadă, atunci când El va ridica vălul, și când solzii vor cădea de peste ochii celor ce ne aud.

DESPRE AUTOR:

Andy Prime este plantator de biserică în rețeaua 20 Schemes în Gracemount, Edinburgh.

Nota editorului: acest articol a apărut a fost publicat în versiunea originală pe pagina de internet a lucrării *20 Schemes*.

INIMA UNUI PĂSTOR CARE FACE UCENICI

Bobby Jamieson

Care crezi că este calitatea esențială a unui păstor care face ucenici? Iată cea mai bună părere care îmi vine în minte: să se bucure de lucrarea celorlalți.

PESCUITUL ALĂTURI DE APOSTOLUL PAVEL

În cartea sa, intitulată *The Art of Pastoring*, David Hansen creionează o imagine interesantă a acestui lucru, când descrie paralela între un mare „director spiritual" și un antrenor bun de pescuit:

> „Cea mai bună calitate a celor mai buni antrenori de pescuit este și cea mai bună calitate a celor mai buni directori spirituali. În cazul celor mai buni antrenori de pescuit, cei mai tari în acest sport, am constatat că *tuturor le place la nebunie să vadă cum clienții lor prind la fel de mulți și la fel de mari pești ca ei înșiși.* Ajungi uneori la nivelul nebuniei să vezi cum un antrenor deosebit de pescuit începe să râdă și chiar să se bucure ca un copil când un client începe să prindă pești."

Hansen continuă astfel:

> „În mod asemănător, trăsătura care este definitorie pentru cel mai bun director spiritual este bucuria aceea ca de copil. Izvorâtă din dragostea curată, îi vei vedea cum îți acordă atenția neîmpărțită, iar când prinzi propriile exemplare de pește, când năvodul tău este plin, vei vedea mereu pe fața lor acel zâmbet, acele priviri pline de fericire, care îți spun că și-au petrecut cele mai bune ceasuri din acea zi alături de tine."[1]

În linie cu gândirea lui întrucâtva mistică, Hansen vede rolul unui director spiritual ca acela care observă lucrarea lui Dumnezeu în viața cuiva și își canalizează atenția către acest lucru. Eu cred că acesta este în mod cert un element al ucenicizării pastorale, dar Scriptura merge mai departe. Efeseni 4:11-13 spune că Hristos i-a dat Bisericii „...păstori și învățători, pentru desăvârșirea sfinților, în vederea lucrării de slujire, pentru zidirea trupului lui Hristos, până vom ajunge toți la unirea credinței și a cunoștinței Fiului lui Dumnezeu". Cu alte cuvinte, slujba unui păstor este aceea de a echipa membrii bisericii să facă lucrarea, să se zidească reciproc spre maturitate. Dacă ar fi să împrumut imaginea lui Hansen, lucrarea unui păstor nu constă doar din a pescui oameni în congregația lui – chiar dacă evident că presupune și asta – ci să îi și învețe să pescuiască la rândul lor. Mai mult, aș sugera că un test în ceea ce îl privește pe păstor ține de cât de mult se bucură el de lucrarea altora, și cât de mult își zidește lucrarea în jurul acelei bucurii.

Gândește-te la slujirea noastră de părinți. Este important ca șireturile pantofilor copiilor noștri să fie legate bine, dar este cu mult mai important să învețe ei înșiși, la vremea potrivită, să și le lege. Chiar dacă este evident că părinții fac o mulțime de lucruri *pentru* copiii lor, aceștia trebuie să fie întotdeauna atenți la ce anume îi pot învăța pe copiii lor să facă de unii singuri. Apoi părinții, în ceea ce îi privește, sunt plin de bucurie oridecâteori îi văd pe copiii lor însușindu-și o nouă îndemânare. Așa trebuie să stea lucrurile și cu păstorii.

NU ACUMULA LUCRAREA PENTRU TINE, CI RĂSPÂNDEȘTE-O ÎN JURUL TĂU

În lumina acestui fapt, păstorii n-ar trebui să acumuleze lucrarea în dreptul lor. Dimpotrivă, ei trebuie să o răspândească peste tot în jurul lor.

Nu fi o sugativă, ci o conductă

Grija pentru oameni este extrem de importantă în slujba pastorală, și nu încape îndoială în această privință. Dacă, totuși, lucrarea ta implică doar atât, atunci riști să-i faci pe oameni dependenți de tine, în loc să îi echipezi să se îngrijească unii de alții.

Mai apoi, predicarea, învățătura și evanghelizarea sunt cruciale pentru lucrarea pastorală. Hai să zicem, totuși, că te afli în lucrarea pastorală de 10 ani, dar ești singura persoană din biserică ce mărturisește în mod regulat Evanghelia, care poate să predea o lecție la școala duminicală sau care poate să predice din Biblie. Cât de sănătoasă crezi că ar putea fi biserica ta? Nu fi o sugativă, ci o conductă. Nu cred că vrei să acumulezi lucrarea în dreptul tău, ci să umpli farfuriile celorlalți oameni, atâta cât pot duce ei, și apoi să-i ajuți să facă acea lucrare.

Ispitiți să facem noi totul

Mulți păstori sunt ispitiți să facă totul de unii singuri. Dacă ești cumva singurul care poartă titlul de „păstor", oamenii se vor uita în mod natural la tine aproape pentru orice lucru. Totuși, slujba ta este să îi pregătești pe ei să facă lucrarea.

Mai mult decât atât, păstorii pot fi ispitiți să îngrămădească toată lucrarea în dreptul lor, de regulă pentru că sunt anumite lucruri pe care ei le pot face mai bine decât oricine altcineva din biserică. Totuși, ar fi mult mai bine ca biserica ta să se lupte să țină niște ore mediocre de școală duminicală și apoi, după câteva luni sau câțiva ani, să fie hrănită de un învățător cu îndemânare, care a crescut sub pregătirea ta sârguincioasă. Va fi cu mult mai bine ca oamenii din biserică să audă și alți consilieri decât să te audă doar pe tine și să te vadă doar pe tine purtând poverile lor.

O problemă a inimii

Există o problemă a inimii care pândește aici. Mândria noastră poate să se bucure nespus când facem bine într-o anumită lucrare, în special când acea lucrare este observată corespunzător de membrii bisericii. De aceea, este nevoie cu adevărat de smerenie să mutăm proiectoarele de pe noi înșine și să le îndreptăm către alții. Este nevoie să renunțăm cu adevărat la noi înșine pentru a putea delega pe altcineva să facă acea lucrare pe care noi am putea să o facem mai bine, de dragul acelei persoane și, în ultimă instanță, având în vedere întreaga biserică, văzând-o cum crește în Hristos. Dacă dorința ta este să îți echipezi biserica și să o ajuți să crească spre maturitate, atunci vei descoperi suficientă bucurie, ba chiar mai multă bucurie atunci când altcineva face lucrarea. Iar acea bucurie va fi contagioasă. Va ajuta la dezvoltarea unei întregii culturi a ucenicizării și echipării pentru lucrare în biserica ta.

IMPLICAȚIILE PRACTICE ALE ACESTEI ATITUDINI

Care sunt rezultatele practice ale acestei atitudini bucuroase față de lucrarea altora? Iată trei dintre ele.

Încredințează și altora din lucrare

În primul rând, caută constant să încredințezi lucrarea mai departe. Evident, vei dori să o încredințezi unora în care ai încredere, pentru că trebuie să fie persoane evlavioase, sănătoase doctrinar și care să manifeste potențial și interes în acea lucrare, fie că este vorba de învățătură, predicare sau consiliere. Totuși, nu pune ștacheta imposibil de sus. Fii gata să pregătești congregația să accepte lucrarea făcută de „amatori". Pe termen lung, bisericii îi va fi mult mai bine decât în situația în care să existe un singur om care face totul.

Dacă este să ne referim doar la lucrarea de predicare publică, în cazul în care săptămâna ta tipică este plină de predicare și dare de învățătură, gândește-te cât poți să delegi gradual din aceasta către alți prezbiteri, către potențiali prezbiteri, sau către bărbați mai tineri care manifestă un interes în această lucrare. Sau, dacă biserica ta are puține momente de predicare, gândește-te dacă nu cumva ați putea fi în măsură să înmulțiți aceste momente, pentru a crea contextul în care să fie crescuți mai mulți învățători. Probabil că înființarea unei școli duminicale ar putea să te ajute în acest sens.

Confirmă, încurajează și corectează

În al doilea rând, confirmă și încurajează eforturile altora, oricât de stângace ar fi. Amintește-ți că ceea ce tu ai făcut de mii de ori, cei pe care îi încurajezi, învățători și consilieri, fac asta pentru prima dată.

Încurajarea ta le dă viață și putere, așa că fii generos cu încurajările. Celebrează până și cele mai mărunte succese. Arată-le membrilor din biserica ta că te bucuri de orice fel de rod spiritual pe care aceste persoane îl aduc, chiar dacă ele însele nu sunt prea impresionate de acestea.

Evident, va trebui uneori să mergi la aceste persoane şi cu evaluări critice. De aceea, învaţă cum să faci acest lucru cu dragoste şi precizie. Dacă vrei ca oamenii din biserica ta să rodească, nu trebuie să faci doar munca de plantare a seminţei şi de udare a ei, ci şi să smulgi buruienile şi să altoieşti planta tânără, legând-o de un arac, astfel încât să o poţi ajuta să crească drept.

Gândeşte cu un pas înainte

În al treilea rând, gândeşte întotdeauna cu un pas înainte. Nu te gândi doar la cei cărora le slujeşti, ci gândeşte-te cui slujesc ei şi cui vor sluji în viitor. Gândeşte-te la ceea ce Pavel spune în 2 Timotei 2:2: „Şi ceai auzit de la mine, în faţa multor martori, încredinţează la oameni de încredere, care să fie în stare să înveţe şi pe alţii". Există patru „generaţii" de creştini în acest singur verset: Pavel, Timotei, „bărbaţii credincioşi" şi „alţii". Asemenea lui Pavel, un păstor concentrat pe a face ucenici se gândeşte întotdeauna la următoarea generaţie de ucenici.

Aşadar, întreabă persoana pe care o ucenicizezi: „pe cine ucenicizezi *tu*?" Gândeşte-te la felul în care calendarul tău de predicare poate fi folosit nu doar pentru zidirea turmei tale, ci şi pentru a ridica alţi predicatori în congregaţia ta. Găseşte modalităţi de a-i ataşa pe alţii la lucrarea pe care deja o faci. Întreabă-te: „Câte generaţii de creştini are în vedere lucrarea mea obişnuită? Mă regăsesc doar aprinzând nişte scântei spirituale, sau pregătesc o întreagă unitate de pompieri?"

Personal, eu am trecut de la a fi paralizat de frica de oameni la a deveni un evanghelist destul de competent doar prin a sta alături de un prieten creştin şi de a-l asculta cum dezvoltă conversaţii evanghelistice în campusul nostru universitar. Ucenicizarea implică în mod cert expunerea altora la caracterul tău, aşa încât, prin harul lui Dumnezeu, acele persoane te voi imita. În acelaşi timp, acest lucru va implica expunerea lor la competenţa ta de lucrare, aşa încât ei vor imita acea competenţă în măsura în care Dumnezeu le dă daruri şi îi face capabili să împlinească acest lucru.

Evident, mare parte a lucrării pe care membrii bisericii o fac nu va fi publică sau uşor de cuantificat. Totuşi, vei dori să încurajezi şi să te bucuri de orice lucrare pe care o fac membrii bisericii, în care se vede prezenţa Duhului Sfânt, de la curăţenia în clădirea bisericii şi până la gătirea unei mese pentru un membru în vârstă. Vei dori ca bucuria ta legată de creşterea lor să se traducă în bucuria lor faţă de creşterea altora. Vei dori să-i ucenicizezi pe toţi credincioşii tăi aşa încât ei să fie, la rândul lor, făcători de ucenici.

Nu adunare, ci înmulţire

Păstorii care se bucură de lucrarea altora vor descoperi în curând că lucrarea lor poate fi caracterizată mai degrabă ca înmulţire decât ca adunare. Dacă transferi mai departe din lucrarea ta, dacă încurajezi eforturile altora, dacă gândeşti constant cu o generaţie sau două înaintea ta, prin harul lui Dumnezeu, vei creşte ucenici care vor face alţi ucenici. Şi acesta este doar începutul.

Aşadar, eu mă rog ca, asemenea unui bun instructor de pescuit sau a unui părinte iubitor, să găseşti bucurie în lucrarea făcută de membrii bisericii tale. Şi mă rog ca Dumnezeu să te facă să găseşti modalităţi de a cultiva acea bucurie în terenul lucrării tale zilnice.

DESPRE AUTOR:

Bobby Jamieson este redactor asistent la 9Marks, autorul seriei de cărţi *9Marks Healthy Church Study Guides* (Crossway, 2012), student în teologie la Southern Baptist Theological Seminary şi membru la Third Avenue Baptist Church în Louisville, Kentucky.

NOTE BIBLIOGRAFICE

[1] David Hansen, *The Art of Pastoring: Ministry Without All the Answers* (Downers Grove, IL: InterVarsity Press, 1994), 157, subl. orig. Lucrarea lui Hansen conţine influenţe teologice greşite dar, cu toate acestea, el formulează unele idei pastorale interesante. Dacă doriţi să citiţi o carte care preia ideea de bază a acestui articol şi o transformă într-o filozofie detaliată de lucrare, vă recomand cartea lui Colin Marshall şi Tony Payne, *The Trellis and the Vine* (Sydney: Matthias Media, 2010).

PREZBITERII - PRINCIPALII FĂCĂTORI DE UCENICI AI BISERICII

Jeramie Rinne

Ești prezbiter în biserica ta? Atunci ar trebui să fii unul dintre principalii făcători de ucenici din biserică. Știai că acesta este un element cheie al fișei de post a prezbiterului, nu-i așa?

Dă-mi voie să îmi aduc și argumentele pentru a fi mai clar. Dacă ar trebui să aleg o imagine care să explice cel mai bine responsabilitatea unui prezbiter în biserica locală, alegerea n-ar fi deloc surprinzătoare. Noul Testament îi portretizează predominant pe prezbiteri ca fiind păstori. Atât Pavel cât și Petru i-au îndemnat pe prezbiteri să păstorească turmele lor (F.A. 20:28-31; 1 Petru 5:1-4). Autorul Epistolei către Evrei îi cheamă pe credincioși să se supună liderilor lor, care „veghează" asupra lor „ca unii care au să dea socoteală" (Evrei. 13:17). Petru spune că prezbiterii slujesc ca asistenți ai Marelui Păstor (1 Petru 5:4). Multe dintre îndatoririle unui prezbiter, inclusiv predicarea Cuvântului, păzirea bisericii împotriva ereziilor, trăirea unei vieți model de sfințenie, căutarea credincioșilor rătăciți, supravegherea lucrărilor bisericii și rugăciunea pentru membri – toate acestea pot fi însumate prin simpla imagine a unui păstor care se îngrijește de turma lui.

Dar care este obiectivul păstoririi?

Prezbiterii îi păstoresc pe membrii bisericii pentru a-i ajuta pe aceștia să *crească* în Hristos. Prezbiterii se îngrijesc de turmă într-o astfel de modalitate încât credincioșii se dezvoltă de la pruncia spirituală la o asemănare matură cu Hristos. Aceștia se străduiesc cu nădejdea că oile vor trece dincolo de acea pruncie creștină, concentrată pe propriile persoane, ajungând la starea de adult, slujindu-L pe Hristos și conducându-i pe alții la El.

Pavel a identificat maturitatea creștină ca fiind motivul pentru care Isus i-a dăruit Bisericii o gamă variată de lideri, inclusiv păstori:

> „Și El a dat pe unii... păstori și învățători, pentru desăvârșirea sfinților, în vederea lucrării de slujire, pentru zidirea trupului lui Hristos, până vom ajunge toți la unirea credinței și a cunoștinței Fiului lui Dumnezeu, la starea de om mare, la înălțimea staturii plinătății lui Hristos" (Efes. 4:11-13)

Când prezbiterii se achită bine de responsabilitățile lor, credincioșii nu vor mai fi bebeluși, ci dimpotrivă, ei vor „crește în toate privințele, ca să ajungem la Cel ce este Capul, Hristos" (v. 14-15). Prezbiterii ar trebui să spună alături de Pavel: „Pe El Îl propovăduim noi, și sfătuim pe orice om, și învățăm pe orice om în toată înțelepciunea, ca să înfățișăm pe orice om desăvârșit în Hristos Isus" (Col. 1:28).

Cu alte cuvinte, păstorirea are ca obiectiv maturizarea ucenicilor. Ce anume este ucenicizarea, dacă nu să-i ajutăm pe oameni să progreseze către maturitatea în Hristos?

Așadar, ca păstori ai bisericii, prezbiterii trebuie să deschidă calea și să stabilească ritmul lucrării de ucenicizare. Toți credincioșii sunt chemați la lucrarea de a face ucenici, dar prezbiterii poartă responsabilitatea generală a acestei lucrări a congregației.

Când prezbiterii vor înțelege obiectivul păstoririi ca fiind ucenicizarea și maturizarea credincioșilor, acest lucru va transforma lucrarea. Gândiți-vă la felul în care obiectivul maturizării ucenicilor ar putea să afecteze cinci aspecte comune ale lucrării pastorale a prezbiterilor.

MATURIZAREA UCENICILOR PRIN ÎNVĂȚARE

Prezbiterii trebuie să fie în măsură să predice Biblia (1 Tim. 3:2, 5:17; Tit 1:9). Păstorii lui Dumnezeu hrănesc turma lui Dumnezeu folosindu-se de Cuvântul lui Dumnezeu. Care ar fi scopul hrănirii turmelor, dacă nu să le creștem și să le maturizăm?

Când un prezbiter își deschide Biblia pentru a aduce învățătură înaintea a 50 de oameni la o slujbă de duminică seara, în fața a 20 de oameni la un studiu biblic de casă, sau alături de un alt frate la o cafea, el ar trebui nu doar să se concentreze pe interpretarea corectă a Bibliei, chiar dacă acest lucru este critic. Mai mult, el trebuie să își ridice ochii din Biblia lui pentru a vedea oameni în diferitele lor stadii de ucenicie, apoi să facă legăturile între adevărurile biblice și inimile celor din congregație, relațiile dintre aceștia, felul lor de a vorbi și chiar finanțele lor. El ar trebui să se străduiască să facă aplicații ale textului în modalități în care să îi maturizeze pe ucenicii lui Hristos.

MATURIZAREA UCENICILOR PRIN GRIJA PASTORALĂ

Care este esența acelei vizite a unui prezbiter la spital? Sau de ce își petrece el o seară alături de acel cuplu devastat de infertilitate ori are un mic dejun alături de un bătrân care și-a pierdut recent soția cu care fusese căsătorit de 50 de ani? Cu siguranță că se află acolo pentru a încuraja și mângâia acei membri ai bisericii loviți de suferințe. Totuși, mai mult decât atât, el trebuie să existe acolo și pentru a încuraja creșterea spirituală.

Așadar, în loc să pună întrebarea „cum te mai simți?" sau „există vreun lucru prin care biserica să poată veni în ajutorul tău?", un prezbiter care are în vedere ucenicizarea va pune cu tact întrebări precum: „Ce crezi că lucrează Dumnezeu în viața ta prin această experiență dificilă?" și „Ți-a arătat Dumnezeu ceva despre El în mijlocul suferinței tale?" El nu doar se va ruga pentru vindecare și mângâiere, ci și pentru lucrarea aceea sfințitoare, de rafinare, făcută de Dumnezeu.

Suferința este probabil una dintre cele mai ascuțite instrumente ale lui Dumnezeu prin care ne modelează după chipul lui Hristos. Prezbiterii pot să încurajeze creșterea spirituală pur și simplu prin a le reaminti fraților și surorilor de faptul că suferința lor are un scop divin.

MATURIZAREA UCENICILOR PRIN OSPITALITATE

Pavel spune de două ori că prezbiterii trebuie să fie primitori de oaspeți (1 Tim. 3:2, Tit 1:8). Haideți să vedem această responsabilitate a prezbiterilor prin lentilele ucenicizării. Când facem asta, descoperim că ospitalitatea are de-a face cu mai mult decât că prezbiterii sunt niște oameni prietenoși. Ospitalitatea are de-a face și cu faptul că prezbiterii fac ucenici fiind ei înșiși exemple.

Ospitalitatea unui prezbiter îi face pe alții capabili să îl vadă pe acel prezbiter îndeaproape, acționând în habitatul lui natural. Ei îl văd cum se poartă cu soția lui, cum își modelează copiii și cum își pune la lucru credința în viața reală. Ospitalitatea facilitează lucrarea prezbiterului de a fi un model de maturitate (1 Petru 5:3). Ea le permite oamenilor să pătrundă în viața lui, așa încât el să le poată spune: „Urmați-mă pe mine, fraților" (Filip. 3:17).

MATURIZAREA UCENICILOR PRIN A TRĂI VIEȚI APROPIATE

Ospitalitatea este doar începutul. A fi model în maturitate înseamnă mai mult decât să luăm masa împreună. Prezbiterii trebuie să-și deschidă viețile față de membrii bisericii. La fel cum păstorii eficienți trebuie să se afle în mijlocul oilor, tot așa și liderii eficienți vor trăi o viață alături de membrii bisericii. Membrii au nevoie să vadă comportamentul prezbiterilor într-o varietate de circumstanțe, la muncă și în situații de recreație, în lucrare și în sărăcie, în succes și în încercare.

Acest lucru poate suna înfricoșător pentru oameni cu vieți opace și cu agenda încărcată. Totuși, a trăi o viață împreună, apropiată, nu înseamnă atât de mult să adaugi ceva calendarului tău pe cât înseamnă să-i inviți pe alții în lucrurile care deja se întâmplă. Așadar, dacă ești prezbiter, include-i pe membrii bisericii în pasiunile tale, fie că este vorba de golf, pescuit, vânătoare sau grădinărit. Încercați să mergeți împreună cu mașina la muncă. Dacă predai o lecţie la şcoala duminicală de la biserică, adu cu tine un frate care să-ţi fie ucenic.

Prezbiterii ar trebui să fie în măsură să spună ca şi Pavel: „Astfel, în dragostea noastră fierbinte pentru voi, eram gata să vă dăm nu numai Evanghelia lui Dumnezeu, dar chiar şi viaţa noastră, atât de scumpi ne ajunseserăţi" (1 Tes. 2:8). În măsura în care prezbiterii îşi deschid vieţile, membrii bisericii capătă crâmpeie ale maturităţii creştine la înaltă definiţie.

MATURIZAREA UCENICILOR PRIN CONDUCERE

Haideţi să mai luăm un exemplu: conducerea. Prezbiterii conduc biserica locală la fel cum păstorii conduc o turmă. Din acest motiv ei sunt denumiţi „supraveghetori" (F.A. 20:28; 1 Tim. 3:1; Evrei 13:17).

Când un prezbiter înţelege obiectivul maturizării ucenicilor, el nu mai vede „conducerea" ca şi cum s-a afla în capul unei mese luând decizii. El înţelege că această conducere se referă la a creşte mai mulţi lideri. Păstorul care are ca obiectiv maturizarea turmei îi invită pe alţii în viaţa lui pentru a lua parte la învăţătură şi pentru a împărţi responsabilitatea cu ei (2 Tim. 2:2). El va fi model şi va delega. O viziune a ucenicizării mută ţinta şi focalizarea conducerii prezbiterului de la politici şi programe la pregătirea viitorilor păstori.

CARE ESTE ESENŢA MATURIZĂRII UCENICILOR?

De ce este atât de important ca prezbiterii să privească ucenicizarea şi maturizarea ucenicilor ca fiind obiectivul lucrării lor de păstorire? Pentru că a face ucenici nu este în realitate obiectivul final.

Obiectivul final pentru prezbiteri şi pentru biserică este să se bucure de Dumnezeu şi să preamărească gloria Lui. Atât prezbiterii cât şi turma există pentru a reflecta imaginea şi caracterul lui Isus Hristos.

De aceea, când prezbiterii păstoresc într-o modalitate în care cresc ucenici asemenea lui Hristos, ei continuă să lucreze la reflectarea tot mai mare a gloriei lui Isus Hristos în această lume. A face ucenici tot mai maturi înseamnă că există mai mulţi oameni care Îl preţuiesc pe Isus, care Îl imită pe Isus şi care propovăduiesc vestea bună despre Isus. Păstorii care fac ucenici se străduiesc să-I aducă glorie Marelui Păstor.

DESPRE AUTOR:

Jeramie Rinne este păstorul senior al South Shore Baptist Church din Hingham, Massachusetts.

Despre 9Marks

MISIUNEA

9Marks există pentru echiparea liderilor bisericilor cu o viziune biblică şi cu resurse practice pentru a reflecta gloria lui Dumnezeu înaintea popoarelor, prin biserici sănătoase.

ISTORIA ORGANIZAŢIEI

Organizaţia 9Marks îşi are rădăcinile în lucrarea pastorală a lui Mark Dever şi Matt Schmucker la Capitol Hill Baptist Church (Washington, D.C.).

După zeci de ani de decădere, această congregaţie a cunoscut o perioadă de reformă la începutul anilor '90, sub lucrarea lui Mark şi Matt. Ei n-au fost călăuziţi de înţelepciunea convenţională a specialiştilor în creşterea bisericii, n-au făcut sondaje de opinie, n-au creat noi programe, şi nici nu s-au concentrat pe formarea unei anumite culturi. Tot ce au făcut a fost să deschidă Biblia înaintea congregaţiei. Mark a predicat şi amândoi au lucrat pentru a da bisericii un fundament conform Scripturii.

CARTEA

La îndemnul lui Matt, Mark a scris şi a publicat în mod independent broşura 9 semne ale unei biserici sănătoase care, la câtiva ani mai târziu, a devenit cartea cu acelaşi titlu, publicată în limba engleză de Crossway, în anul 2000. Organizaţia a fost înfiinţată către finele anilor '90, cu scopul ca tot mai mulţi păstori să ia parte la discuţii sănătoase despre creştinism, iniţiate de Mark şi Matt. De atunci încoace, ea a crescut gradual tot mai mult.

VIZIUNEA

9Marks crede că biserica locală este punctul focal al planului lui Dumnezeu de a reflecta gloria Sa printre popoare. De asemenea, noi credem în suficienţa Bibliei pentru viaţa bisericii. De aceea, ca organizaţie, lucrarea noastră se concentrează pe Scriptură, biserică şi păstori. Noi preţuim multitudinea vocilor şi a stilurilor celor care sunt partenerii noştri, şi cu care împărtăşim aceeaşi viziune. Nădăjduim că vom continua să creştem în cunoaşterea Cuvântului lui Dumnezeu şi în aplicarea lui în adunarea locală.

Intenţia noastră este să împărtăşim aceste lucruri cu ceilalţi utilizând noile instrumente şi platforme media, în plus faţă de cele existente.

CELE 9 SEMNE

Cele 9 Semne sunt: (1) predicarea expozitivă, (2) teologia biblică, (3) o înţelegere biblică a Evangheliei, (4) o înţelegere biblică a convertirii, (5) o înţelegere biblică a evanghelizării, (6) membralitatea bisericească biblică, (7) disciplina biblică a bisericii, (8) ucenicia şi creşterea biblică a bisericii, şi (9) conducerea biblică a bisericii. Acestea nu sunt singurele lucruri necesare pentru zidirea unor biserici sănătoase, ci ele sunt nouă practici pe care multe biserici din zilele noastre le-au uitat şi, de aceea, este nevoie să fie readuse în atenţie.

CUM SE FINANȚEAZĂ 9MARKS?

9Marks se bazează pe donații din partea bisericilor și persoanelor individuale, care înțeleg natura strategică a lucrării de echipare a păstorilor și liderilor cu o viziune biblică asupra bisericii locale. Suntem profund recunoscători pentru generozitatea tuturor celor care contribuie la această lucrare.

9MARKS ÎN LIMBA ROMÂNĂ

Începând cu anul 2016, 9Marks a lansat lucrarea sa în limba română, în parteneriat cu Asociația MAGNA GRATIA, având ca scop echiparea păstorilor și a liderilor din comunitățile de credință vorbitoare de limba română din România, Moldova și diaspora.

De-a lungul următorilor ani, 9Marks dorește să publice o varietate de resurse noi în limba română - cărți, articole, reviste, resurse audio și video-, să organizeze conferințe și să încurajeze relații sănătoase între păstorii români, spre zidirea bisericilor sănătoase, care Îl glorifică pe Dumnezeu.

---

www.9marks.org | revistarom@9marks.org

facebook.com/9Semne

www.magnagratia.org

**Pentru mai multe informații despre Revista 9Semne,
ne puteți contacta la adresa de email revistarom@9marks.org.
Suntem aici pentru a vă sluji.**

IX **9Semne**

ZIDIND BISERICI SĂNĂTOASE

9Marks există pentru echiparea liderilor bisericilor cu o viziune biblică și resurse practice în vederea glorificării lui Dumnezeu între națiuni, prin intermediul bisericilor sănătoase.

În acest scop, dorim să vedem bisericile caracterizate de următoarele nouă semne ale sănătății:

1. Predicarea expozitivă
2. Teologia biblică
3. Înțelegerea biblică a Evangheliei
4. Înțelegerea biblică a convertirii
5. Înțelegerea și practicarea biblică a evanghelizării
6. Membralitatea biblică în biserică
7. Disciplina biblică a bisericii
8. Ucenicizarea biblică
9. Conducerea biblică a bisericii.

www.ingramcontent.com/pod-product-compliance
Lightning Source LLC
LaVergne TN
LVHW061947220826
846091LV00014B/4095

9781950396221